ISRAËL SURVIVRA-T-IL ?

Antoine Sfeir
dans Le Livre de Poche :

<small>Vers l'Orient compliqué</small>

Collection dirigée par Jean-Paul Enthoven

THÉO KLEIN
ANTOINE SFEIR

Israël survivra-t-il ?

ENTRETIENS

Avant-propos de Joseph Vebret

L'ARCHIPEL / FRANCE CULTURE

ISBN : 978-2-253-08460-0 – 1re publication LGF

SOMMAIRE

Avant-propos

Proclamé le 14 mai 1948 sur la base des promesses de la déclaration Balfour de 1917, l'État d'Israël a soixante ans. Le temps d'une génération. C'est encore très jeune pour un pays dont l'Histoire, qui remonte à plusieurs millénaires, se confond avec celle de son peuple. Rappelons que l'antique Israël avait cessé d'être en 70 après Jésus-Christ, après la destruction du temple de Jérusalem par les Romains...

Ce pays neuf n'aura jamais connu de répit. Soixante ans de vie, soixante ans de conflits. Les États-Unis furent le premier pays de la communauté des nations, quelques minutes seulement après sa proclamation, à reconnaître le nouveau-né annoncé par David Ben Gourion. Ensuite vint l'URSS. Dans l'intervalle, les États arabes étaient immédiatement entrés en guerre.

Dès la fin de la Seconde Guerre mondiale, l'idée a surgi d'un État-refuge pour les survivants de la Shoah. La Terre sainte s'impose alors comme une évidence. En février 1947, le gouvernement britannique, impuissant à concilier les revendications contradictoires des communautés juive et arabe, remet à l'ONU le mandat qu'il détenait depuis 1920 sur la Palestine, à charge pour l'organisation de régler la question. Le 29 novembre de la même année, la résolution 181, soumise au vote des

Nations unies, prévoit un plan de partage entre un État juif, un État arabe et une zone « sous régime international et particulier ». Israël posséderait 55 % du territoire. Quant à la zone internationale, elle comprendrait les Lieux saints, Bethléem et Jérusalem. Les onze nations arabes s'y opposent. Les États-Unis et l'URSS s'y déclarent favorables.

Ce plan de partage est adopté par 33 voix pour, 13 contre et 10 abstentions. Dès le lendemain éclatent des affrontements entre Juifs et Arabes. Puis, aussitôt après l'expiration du mandat britannique et la proclamation de Ben Gourion, les armées d'Égypte, de Jordanie, de Syrie, du Liban et d'Irak envahissent l'État juif. Alliés en théorie, ces pays poursuivent en réalité des objectifs différents, d'où leur désorganisation militaire. Si bien que l'armée israélienne, mieux équipée, mieux organisée, prend le dessus. Non seulement le nouvel État sort victorieux de la première guerre israélo-arabe, mais il augmente de 26 % la superficie de son territoire, occupant désormais plus de 80 % de la Palestine de 1947. Israël a conquis la partie ouest de Jérusalem, devenue capitale. La Cisjordanie est rattachée à la Jordanie et la bande de Gaza revient à l'Égypte.

Du jour au lendemain, huit cent mille Palestiniens se retrouvent dans des camps de réfugiés, en Cisjordanie, dans la bande de Gaza, au Liban, en Jordanie et en Syrie. La « question palestinienne » est née. Soixante ans plus tard, elle n'est pas réglée, la paix n'est pas au rendez-vous et l'avenir d'Israël reste menacé comme au premier jour. Comment expliquer qu'en plus d'un demi-siècle, malgré le regard bienveillant des Occidentaux et au-delà de tout ce qui les rapproche, Arabes et

Israéliens n'aient pas trouvé d'issue favorable à leurs divergences ? Comment expliquer l'aveuglement des uns, l'intransigeance des autres ? Pourquoi toutes les tentatives de paix entre Israël et les Palestiniens ont-elles échoué ?

Certes, Israël est le seul pays démocratique de la région, entouré d'États autoritaires, voire de dictatures, qui pour la plupart favorisent la montée en puissance d'un islamisme radical, parfois rétrograde, littéraliste aussi, et qui font de la question palestinienne un préalable, si ce n'est un prétexte. Mais pourquoi les Israéliens ne parviennent-ils pas à exorciser leurs vieux démons ? Et pourquoi certains pays du Moyen-Orient veulent-ils leur destruction à tout prix ? L'antisémitisme n'explique pas tout. Ni même des lectures différentes des Écritures. Il convenait d'aller plus loin.

Deux « spectateurs engagés » qu'*a priori* tout oppose, l'un juif, Théo Klein, l'autre arabe, Antoine Sfeir, ont voulu se rencontrer pour échanger, de nombreuses heures durant, leurs points de vue sur la question d'Israël, son passé, son présent, son devenir.

L'avocat Théo Klein, ancien résistant, est une des figures majeures de la communauté juive de France. Il a présidé le Crif (Conseil représentatif des institutions juives de France) de 1981 à 1987, mettant son franc-parler et sa liberté de pensée, souvent à contre-courant du discours « officiel », au service d'une cause : l'avenir d'Israël. Il revendique sa double nationalité, française et israélienne. C'est ainsi qu'il chercha à convaincre les dirigeants de Tel-Aviv que l'option militaire n'était pas la seule et unique solution au conflit israélo-palestinien, tout comme il a toujours accepté de dialoguer avec des représentants palestiniens. On comprend qu'il ne se soit pas fait que des amis, même au sein de sa propre communauté.

Le journaliste et politologue Antoine Sfeir, que les téléspectateurs connaissent bien pour le voir souvent, sur les plateaux, expliquer le monde arabe, ses acteurs et ses enjeux, est lui aussi de double nationalité : française et libanaise. Enlevé en 1976 pendant la guerre du Liban, il s'installe en France sitôt sa libération. C'est à Paris qu'il fonde *Les Cahiers de l'Orient*, une revue d'études et de réflexions sur le monde arabo-musulman, qu'il continue de diriger aujourd'hui. Président du Centre d'études et de réflexions sur le Proche-Orient, il enseigne également les relations internationales au Celsa (Centre d'études littéraires et scientifiques appliquées). Infatigable voyageur, il connaît sur le bout du cœur l'Orient et ses doutes, ses aspirations, ses dérives. Ses commentaires, ennemis de la langue de bois, lui valent d'être souvent menacé. Il n'en a cure.

Théo Klein et Antoine Sfeir ont décidé d'inscrire leur discussion dans une chronologie, celle de l'histoire d'Israël, des origines à nos jours. De la sortie d'Égypte à la guerre de juillet 2006, leurs vues se confrontent sur le sionisme et le nassérisme, l'antisémitisme et la Shoah, la guerre des Six Jours et les guerres du Golfe, le bilan d'Arafat et celui d'Ehud Olmert, ainsi que sur la montée de l'islamisme radical et le statut de Jérusalem. Sans crainte d'être pédagogiques, à l'aide de souvenirs personnels et d'indices révélateurs, ils revisitent en termes simples les soixante années d'existence de l'État hébreu. Leur expertise, leur expérience et leur mémoire s'opposent ou se rejoignent, parfois jusqu'à l'amende honorable. Mais ils n'éludent aucun sujet et ne repoussent aucune question, notamment pas les deux plus importantes : au regard du nombre de rendez-vous manqués et d'erreurs commises de part et d'autre, que manque-t-il aujourd'hui pour réaliser une paix durable ? Et, dans la pire des hypothèses, faut-il considérer que la survie même d'Israël est désormais en jeu ?

Joseph VEBRET.

1

Les Juifs

THÉO KLEIN. – Deux éléments majeurs illustrent à nos yeux les raisons pour lesquelles les Juifs ont de tout temps été rejetés.

Le premier, propre aux communautés elles-mêmes, réside en la volonté qu'ont toujours eue les Juifs de se considérer et se conserver comme tels. Cet aspect prend racine dans la Torah, qui développe à travers des récits, mythologiques ou réels – on ne le saura finalement jamais –, un projet de société animé par une idée très moderne : la nécessité d'un principe universel immuable, une sorte de loi constitutionnelle. Après tout, le Dieu unique est encore ce que l'on fait de mieux dans le genre... Les cinq livres de Moïse évoquent ainsi à peu près tous les problèmes de la vie commune dans une société – droit civil, droit social, etc. – et énoncent des principes ou des règles.

À cette période succèdent celle des prophètes qui, curieusement, se réfère assez peu aux cinq livres de Moïse ; puis la période talmudique, qui est déjà une époque de dispersion. Les Juifs qui se trouvaient en Babylonie depuis la chute du premier Temple ne sont, dans leur majorité, jamais revenus. En conséquence, la préoccupation des rabbins du Talmud a été de créer une sorte de société artificielle – que le professeur Yeshayaou Leibowitz a appelée la « bulle » –, dans laquelle on pouvait rassembler les Juifs, les organiser et leur donner un ordre du jour extrêmement strict.

De fait, étant plus ou moins obligés de vivre dans les mêmes quartiers – parce qu'il y a la boucherie particulière, le pain particulier, la synagogue, etc. –, ils ont eu tendance à rester ensemble et à consolider au fil du temps cet aspect communautaire.

Très tôt, les Juifs ont par conséquent été habités par cette volonté d'être ensemble, d'être porteurs à la fois d'une histoire et d'un projet, tout animés par cette merveilleuse idée magnifiée par la Torah : être chargés d'une mission.

Évoquons maintenant le second élément expliquant ce rejet permanent qu'ont toujours dû subir les Juifs. Où qu'ils aillent, leur « communautarisme » les fait paraître comme des porteurs d'habitudes différentes. Ceci peut aisément s'observer, comme dans le simple fait de ne pouvoir inviter un Juif à sa table, ou difficilement, à cause des règles alimentaires qu'il doit suivre. On pourrait ainsi multiplier les exemples qui contribuent à renforcer l'image d'un peuple un peu mystérieux, et qui peuvent parfois conduire à se demander ce qu'une telle attitude peut bien cacher. Car, pour certains, les Juifs, du fait de leur dispersion, de leurs liens familiaux et religieux, ont paru avoir créé une sorte de réseau international...

Il convient par ailleurs de souligner combien la religion chrétienne et la religion musulmane, qui ont tout de même quelques liens avec le judaïsme, se sont très rapidement préoccupées – les chrétiens en premier – d'empêcher les conversions au judaïsme. Dès l'instant où elles ont pris le pouvoir, elles ont eu la possibilité de condamner celui qui convertit, tout en continuant elles-mêmes à convertir. C'est une forme de concurrence.

Au fil du temps, la conjugaison de ces deux éléments va contribuer à nourrir et à amplifier les rancœurs et le ressentiment. Et à partir du moment où vous entrez dans ce système, vous le perpétuez spontanément.

ANTOINE SFEIR. – Je crois que les Juifs, dès lors qu'ils sont ensemble – pour les raisons que vous évoquez justement –, développent une sorte de perception tout à fait différente chez l'autre : la solidarité. Et la solidarité, avec ce réseau international auquel vous faites allusion, suscite automatiquement l'envie et la jalousie. Pourquoi ? Parce que la solidarité entraîne une certaine réussite, sinon une réussite certaine.

Elle entraîne également une certaine vie communautaire, autrement dit une incarnation de cette religion qu'est le judaïsme. Les Juifs mangent ensemble, vont à la synagogue ensemble, célèbrent ensemble différentes fêtes, observent le shabbat à la fin de chaque semaine, etc. Aux yeux des autres, cette solidarité peut être perçue comme une véritable réussite, ce qui parfois peut les pousser à ressentir une forme de rejet – puisque quelque chose leur est interdit dans cette vie communautaire vécue par les Juifs. Or, lorsque les non-Juifs se retrouvent dans le besoin, dans la difficulté, ils doivent trouver un ou des responsables. Et ne pouvant s'élever ni contre le calife – je parle ici de l'Orient –, qui est intouchable, ni contre le chef de la tribu, qui a été adoubé, ils doivent trouver un bouc émissaire à un autre niveau pour incarner cette envie, cette jalousie.

De plus, le judaïsme était marqué par un fort prosélytisme. Étaient donc attirés par cette religion ceux qui acceptaient une spiritualité ritualiste – avec la Torah, les livres de Moïse... – et une vision de la société avant tout morale – puisque les premières règles morales de la vie ont été édictées par Moïse.

Puis, ce prosélytisme a disparu. Les Juifs en ont été tenus pour responsables, mais on oublie que c'est l'Église qui interdisait les conversions et que c'est Paul, le Juif converti, qui a mis fin à ce prosélytisme ! Il n'en reste pas moins que la perception est souvent plus forte que l'acte, et l'on a retenu que les Juifs refusaient l'accès à leur monde, ce monde qui entraîne la jalousie et l'envie. C'est la perception, plus que les actes eux-mêmes, qui a engendré cette séparation.

Enfin, parlant toujours du Levant, j'ai l'impression que les musulmans comme les chrétiens n'ont jamais hésité à instrumentaliser les Juifs. Lorsqu'ils avaient besoin de personnes de confiance, ils faisaient appel à eux. La banque, c'était pour les Juifs. Les prêteurs étaient les Juifs. Et le fait que nous soyons endettés vis-à-vis d'eux nous les rend encore haïssables.

THÉO KLEIN. – Il est vrai que les Juifs se sont retrouvés enfermés dans un certain nombre d'images. Mais ils avaient des possibilités que les autres n'avaient pas. Je me souviens d'un texte de Turgot, très intéressant, expliquant que les Juifs ont des ouvertures partout en Europe, sont reçus par tout le monde et créent ainsi des possibilités d'échanges extraordinaires, alors que les corporations non juives sont enfermées dans des systèmes qui ne leur permettent pas de rendre les mêmes services.

Prenons l'exemple des premiers Juifs de France qui

se sont enrichis en Alsace et qui, pour beaucoup, four-
nissaient des chevaux à l'armée ; s'il n'y avait pas de
chevaux en France, ils les faisaient venir d'Allemagne
ou de Hollande. Ce réseau est, à mon avis, un élément
important, sur lequel l'antisémitisme se fonde d'ailleurs souvent. Les *Protocoles des Sages de Sion*, ce
faux document édité au début du XXe siècle pour faire
croire qu'une organisation internationale juive cher-
chait à dominer le monde, en constituent l'illustration
parfaite et ridicule.

ANTOINE SFEIR. – Cela ne signifie pas que les autres
communautés ne sont pas solidaires, bien au contraire.
Mais elles le sont souvent beaucoup plus vis-à-vis de
l'extérieur qu'en leur sein.

THÉO KLEIN. – Il en va de même des Juifs qui, à
l'intérieur de la communauté, ne sont pas toujours si
solidaires entre eux... Ils ont des idées différentes, se
disputent – ce qui est d'ailleurs parfaitement normal –,
mais face à un danger extérieur, ou simplement vis-
à-vis de l'extérieur – à cause d'une sorte de menace
potentielle que les Juifs ressentent en permanence –,
leur solidarité se renforce aussitôt.

J'ai toujours dit et répété qu'un Juif est anxieux
lorsque tout va bien : il pense que ça ne peut pas durer,
qu'il va se passer quelque chose... Mais sitôt confronté
à des ennuis, il se dit que cela ne va pas durer, que cela
va s'arranger... Et, de fait, tout s'est toujours arrangé !

En réalité, les Juifs sont optimistes.

ANTOINE SFEIR. – Cela ne vient-il pas de la crainte de
l'inconnu ?

Si l'on pousse le raisonnement un peu plus loin – je me limite encore une fois à l'Orient –, il me semble que cette envie extraordinaire que suscite la communauté juive vient précisément du fait qu'elle est totalement solidaire devant le danger... alors que les non-Juifs se renferment dans leur appartenance tribale, clanique, familiale, et s'efforcent de composer avec l'envahisseur.

Prenons l'exemple de la montagne libanaise. Elle est la seule vraie montagne du Proche-Orient et, pour les Libanais, elle était inexpugnable... À tel point que leur rivage a toujours été occupé ! On s'élève aujourd'hui contre les Syriens, qui ont occupé le Liban pendant une trentaine d'années, mais le rivage libanais a toujours été occupé et ce depuis six mille ans, tout comme celui de Palestine avec lequel il formait le rivage phénicien.

La confrontation au danger se traduit ainsi souvent, chez les non-Juifs, par un enfermement clanique, familial ou tribal, tandis que chez les Juifs, au moindre risque, tout le *mellah* – le quartier juif – se retrouve uni jusqu'à se transformer en ghetto. Et cet aspect particulier a toujours suscité une envie assez extraordinaire ou du moins assez perceptible.

Finalement, lorsqu'on se retrouve soi-même dans le malheur ou dans le besoin, l'envie se transforme en haine ; et nombreux sont ceux qui en arrivent alors à se persuader que les Juifs se sont mieux débrouillés qu'eux. C'est d'ailleurs dans ces conditions que le peuple juif finit par redevenir le parfait bouc émissaire...

THÉO KLEIN. – En France, les choses sont différentes. J'étais à l'école communale, à Paris, dans les années 1920. Dans ma classe, il y avait un garçon qui,

de temps en temps, me traitait de « sale Juif ». Mon
père m'avait mis en garde et conseillé de répondre par
« propre à rien ». Mais je dois dire que l'élève en question recevait presque toujours un coup de pied du professeur qui l'avait entendu, ou une taloche du directeur
qui passait par là. On ne peut pas dire que le corps
enseignant et, plus généralement, que les gens autour
de moi manifestaient de l'antisémitisme.

De plus, nous habitions dans le quartier Saint-
Vincent-de-Paul, dans le Xᵉ arrondissement. Or ceux
de ma génération n'ont jamais mis les pieds à l'école
communale le samedi ou les jours de fêtes juives. Nos
parents avaient réglé ce point avec le directeur de l'école
des garçons et la directrice de l'école des filles. Mon
grand regret est de n'avoir jamais demandé à mon père
comment ils avaient présenté leur requête et comment
ils avaient obtenu satisfaction. Je suppose que mon
père, qui avait été scolarisé au lycée Condorcet, allait
en classe le samedi, mais qu'il n'écrivait pas et que cela
était toléré.

J'ai donc du mal à considérer que la France ait pu être
globalement antisémite à l'époque – même si certains
Français l'étaient, évidemment. Il me semble d'ailleurs
qu'existait une certaine concordance entre ce que l'on
appelait la « réaction », au début du XXᵉ siècle, et les
républicains... et que les réactionnaires étaient antisémites. Mon père, qui a fait des études de médecine,
était l'objet d'attaques à la faculté. Mais cela n'est
jamais allé très loin.

À partir de la Révolution française, les Juifs ont pu se
développer d'une manière assez extraordinaire. Il n'a
pas fallu attendre un nombre incroyable d'années pour
en voir quelques-uns à l'Institut ou dans les universités.

Beaucoup de Juifs allemands sont venus s'installer en France parce qu'ils n'étaient pas admis dans les universités allemandes. Je ne considère donc pas que la France soit un pays antisémite. Je sais qu'il y a des antisémites en France, à des degrés divers, mais qu'il y ait un antisémitisme profond, non, je ne le crois pas.

Cependant, nombre de Juifs ne me suivent pas sur ce terrain et préfèrent s'attacher à des détails pour en tirer des conclusions. Il existe maintenant un service de protection de la communauté qui reçoit des appels téléphoniques et qui note tout ce qui se passe, dressant des listes complètes d'incidents. Parmi ces incidents, on retrouve l'interpellation « sale Juif » et, de temps en temps, des coups de poing. Mais si l'on regarde les choses de près, on se rend compte que, dans plus de 50 % des cas, il s'agit de vols à la tire ou de délits de ce genre qui sont accompagnés d'insultes. J'ai l'impression qu'aujourd'hui un jeune beur ou un jeune Noir qui vole son téléphone portable ou son blouson à un autre jeune ajoute « sale Juif »... comme pour se justifier et s'exonérer. Ce n'est pas bien de voler, mais comme il s'agit d'un « sale Juif »... Et je ne serais pas étonné que l'on applique ce qualificatif à des personnes qui ne sont pas du tout juives. Je ne dis pas que c'est une chose heureuse, loin de là, mais je crois qu'il faut replacer les éléments dans leur contexte.

ANTOINE SFEIR. – C'est un phénomène qui a son équivalent sous la forme « sale Arabe ». Insultes qui, effectivement et malheureusement, ne cessent de se développer.

THÉO KLEIN. – Si l'on se focalise sur cet aspect des choses, on n'arrive à rien. Il est indéniable que cela

existe. Pour autant, je crois que l'important n'est pas d'y
répondre, mais d'essayer de l'éradiquer. Et, pour l'éradiquer, il s'agit de ne pas y accorder une trop grande
importance. Il me paraît surtout important que le Juif
n'entre pas en dialogue avec l'antisémite.

Lorsque j'étais président du Conseil représentatif
des institutions juives de France, le Crif, M. Le Pen a
commencé à faire usage d'arguments antisémites. Je
me suis rapidement rendu compte que c'était pour lui
un moyen de revenir dans l'actualité. Puisqu'on ne parlait pas assez de lui, il faisait une sortie antisémite et
tout le monde accourait. Personnellement, je m'effor-
çais de ne pas monter au créneau. La directrice du Crif
me relayait les plaintes de gens qui trouvaient que le
président du Crif était bien silencieux... De temps en
temps, j'étais donc obligé de faire une déclaration.
Mais intervenir me gênait. Je ne voulais pas dialoguer
avec lui, parce que je sentais que c'était précisément la
stratégie qu'il avait mise au point. À l'inverse, les journalistes se jetaient sur lui, au premier rang desquels les
journalistes juifs. Et je pense fortement qu'il s'agissait
d'une erreur.

Mais tout cela reste assez compliqué. Ainsi, un
catholique est certes une personne de religion catholique, mais qui, par ailleurs, peut tout aussi bien être de
nationalité française, allemande ou autre. Pour elle, la
religion est un aspect à part, qui relève non seulement
d'un corps de doctrine, mais d'une organisation très
voyante, avec ses églises, ses prêtres, etc.

Or, pour un Juif, les choses sont nettement différentes. Qu'il soit religieux ou non, il est juif. Il est porteur
d'une histoire – celle de sa famille –, d'une culture très
ancienne, très intéressante et très profonde... Et puis, il

y a la religion juive, même si, aujourd'hui, la plupart des Juifs ne sont plus très religieux. Le jour du Grand Pardon, et uniquement ce jour-là, les Juifs se rapprochent majoritairement de la synagogue ; mais, dès le lendemain, tout est trop souvent oublié. Dans le courant d'une année, à peine 10 % de la population juive va régulièrement à la synagogue.

Un Juif n'est donc pas seulement de religion juive, il est aussi autre chose et a toujours les yeux tournés vers Jérusalem. Dans toutes les familles, d'ailleurs, on trouve toujours un objet tourné vers l'est, c'est-à-dire dans la direction de Jérusalem : le *mizra'h*. Cela contribue à ce que les Juifs soient perçus comme différents. Pour certains chrétiens, c'est un enrichissement : ils considèrent que les Juifs ont un rôle particulier dans la société des hommes, parce qu'ils sont porteurs d'une parole qui a traversé les siècles et qui a inspiré les autres religions.

ANTOINE SFEIR. – En Orient, dans le Levant, nous n'avons pas du tout ressenti cela. Un Juif était un Juif comme nous étions des chrétiens orientaux et comme les autres étaient des sunnites, des chiites ou des druzes. Nous étions habitués au pluralisme et, de fait, nous étions tous minoritaires, quand bien même, inconsciemment, nous avions plus ou moins peur des sunnites qui, bien que minoritaires au Liban, étaient largement majoritaires dans la région.

Dans un tel contexte, la création de l'État d'Israël a été ressentie comme un véritable tremblement de terre. Et ce, pour quatre raisons.

Premièrement, depuis la création de l'État d'Israël, les Arabes – terme générique qui ne veut rien dire – ont toujours été en retard d'une guerre.

Deuxièmement, la création de l'État d'Israël a fourni un alibi fabuleux à ce que l'on appelle pudiquement, en Europe comme au Levant, les régimes forts, les régimes autoritaires, qui ne sont en réalité rien d'autre que des dictatures. Depuis la fin des années 1950, pas un seul régime dans le monde arabe n'a omis d'amorcer son règne par un communiqué rappelant la nécessaire résistance à Israël... Résistance qui n'a par ailleurs cessé de se révéler totalement virtuelle – les quelques fedayins « actifs » représentant une infime minorité –, du moins jusqu'à la nuit du 31 décembre 1964 où Yasser Arafat dit Abou Ammar, Salah Khalaf dit Abou Iyad, Khalil al-Wazir dit Abou Jihad, Farouk Kaddoumi dit Abou Lotf et Hassan Salameh dit Abou Hassan, déclenchèrent la lutte au nom d'al-Assifa, la branche armée du Fatah, créé à cette date. Rappelons ici que le terme « Fatah » est l'acronyme inversé de *Harakat Tahrir Falastine*, mouvement national palestinien de libération. Ils prendront ensuite la tête de l'OLP.

Troisièmement, la création de l'État d'Israël va aider ces régimes à bâtir leur prospérité. Prenons l'exemple des premiers réfugiés palestiniens, arrivés au Liban en 1948. Ils sont une aubaine pour les dirigeants libanais qui, au même moment, assistent à l'émergence d'un mouvement syndical. En donnant aux Palestiniens un titre de séjour mais pas de titre de travail, donc en les utilisant « au noir », ces dirigeants cassent le mouvement syndical naissant. On peut d'ailleurs remarquer que les onze camps palestiniens sont installés autour des principales villes libanaises, notamment Sayda, Tyr, Baalbek, Beyrouth et Tripoli. Parallèlement, les Arabes expatriés qui veulent se donner bonne conscience cherchent à envoyer de l'argent. Et où peuvent-

ils l'envoyer ? Dans le seul pays doté d'un tissu ban-
caire valable : le Liban.

Enfin, quatrièmement, la création de l'État d'Israël
– et de cela, j'en veux beaucoup aux Israéliens –
marque le début du départ des Juifs des pays arabes.
Vous dites qu'être juif ce n'est pas seulement appartenir à une religion. Il y a un point que vous n'avez pas
souligné. Je pense qu'un Juif, qu'il soit séfarade, ashkénaze ou levantin, est avant tout quelqu'un qui doute,
qui se pose des questions – lesquelles, d'ailleurs, nous
semblent parfois inutiles. Mais en y regardant de plus
près, on s'aperçoit qu'il secoue la société en posant de
vraies questions. Or, une société qui ne doute pas, qui
ne se questionne pas est une société qui régresse. La
meilleure preuve réside sans doute dans les sociétés
arabes actuelles, dont on est en droit de penser qu'elles
manquent « un peu » de judaïsme, qui leur permettrait
pourtant de se poser des questions sur l'éducation,
l'enseignement, la philosophie, l'égalité et l'économie.
En islam, si une personne est riche, c'est Dieu qui l'a
voulu ; elle n'a pas de devoir, sinon celui de solidarité.
Et dans le christianisme, si une personne est riche, elle
est suspecte, comme si elle devait sa richesse à une
mauvaise action.

Le fait que certaines formes de questionnements
soient absentes des sociétés arabes m'inquiète énormément. Or, c'est la création de l'État d'Israël qui a
enfanté ce phénomène.

J'ajouterai pour conclure que le Levantin n'a pas
compris pourquoi l'Occident, qui, soit par son acti-
visme, soit par son silence, a été complice des hor-
reurs de la Shoah, doit se faire pardonner sur le dos des
autres.

THÉO KLEIN. – Concernant le départ des Juifs des pays arabes, deux éléments ont joué : l'hostilité de nombreuses personnes à l'égard de la naissance de l'État d'Israël, donc à l'égard des Juifs, et les importants efforts déployés par les sionistes pour faire venir les Juifs en Israël.

Ben Gourion, qui était à la tête du mouvement sioniste, s'est rendu compte que, si cette partie du monde devait devenir un État juif, alors il lui fallait une majorité de Juifs ; car, dans une démocratie, si l'on n'a pas la majorité, on ne détermine pas la nature du pays.

Indépendamment de cela, il me semble que nous n'avions pas pris la pleine mesure des répercussions que le colonialisme allait provoquer. Nous nous sommes tournés vers les États-Unis, l'Angleterre ou la France pour soutenir le projet sioniste, sans toutefois prendre conscience que nous nous mettions du côté colonialiste, alors que notre aventure ne l'était pas. Au contraire, même, puisqu'il s'agissait d'un mouvement de régénération.

Les Juifs qui sont arrivés sur cette terre à la fin du XIXᵉ et au début du XXᵉ siècle, qui ont créé le premier *kibboutz* en 1910, ne voulaient plus être des commerçants, des intermédiaires ou des banquiers : ils voulaient à leur tour cultiver la terre, fabriquer des biens... Et c'est bien sur ce point que se fonde initialement tout le mouvement sioniste.

ANTOINE SFEIR. – Et, à cette époque, il n'y avait pas d'hostilité de la part des populations arabes ; au contraire !

Théo Klein. – C'est exact. Et je crois que nous sommes devenus les victimes des puissances coloniales simplement parce que nous n'avions pas compris, à l'époque, que nous nous laissions dominer par elles.

Antoine Sfeir. – Je tiens à préciser que vous comme moi parlons du mouvement sioniste en tant que mouvement politique. Je ne voudrais surtout pas que l'on fasse un amalgame entre l'antisionisme et l'antisémitisme.

Au départ, et vous le dites très justement, les Juifs veulent s'ancrer dans le terroir. C'est le temps des colonies. En 1910, ils arrivent dans l'Empire ottoman. En 1916, la Palestine tombe dans l'escarcelle du protectorat britannique. En 1917 intervient la fameuse « déclaration Balfour », par laquelle l'une des deux grandes puissances coloniales, l'Angleterre, se déclare favorable à la création d'un « foyer national juif » en Palestine[1]. À l'époque, il n'y a pas de réaction hostile de la part des populations arabes. Il faut dire que la population du Levant ne voyait pas bien ce que pouvait être un « foyer national ».

En 1936, le *mufti* de Jérusalem, Amin al-Husseini, appelle à la grève générale en Palestine et marque le coup d'envoi de la « grande révolte » arabe, durant laquelle les actes de rébellion contre le mandat britannique et l'immigration juive se multiplient jusqu'en 1939. C'est le premier mouvement palestinien réel. Puis il y a la guerre, et le *mufti* se fourvoie avec les nazis, tient une chronique sur Radio Berlin, etc.

Mais, là encore, les Juifs déjà présents sur le territoire – je ne parle pas de ceux qui s'y installent progres-

_____
1. *Cf.* annexe i, p. 205.

sivement –, qui sont des Palestiniens sous protectorat britannique, ne ressentent pas d'hostilité de la part des Arabes. Ils vivent ensemble, bêchent leurs terrains ensemble...

2

Le sionisme

THÉO KLEIN. – S'il existe bel et bien différents mouvements sionistes, il faut toutefois reconnaître que toute considération à ce sujet a été rendue à la fois assez compliquée et relativement dépassée depuis la création de l'État d'Israël.

À titre personnel, je n'ai jamais été sioniste, je n'ai donc pas adhéré à des partis sionistes, notamment parce que je n'ai jamais tout à fait partagé leurs points de vue. Le sionisme a provoqué des réactions de toutes natures. Au sein de ma famille, par exemple, certains membres d'origine allemande sont partis vivre en Palestine après avoir quitté l'Allemagne.

ANTOINE SFEIR. – En 1897, l'articulation du mouvement sioniste, en tant que mouvement politique, était très claire : elle préconisait un retour à Sion, prôné par des laïques, plutôt socialistes. À partir de l'établissement du premier *kibboutz*, différentes variantes socioéconomiques ont vu le jour. Puis, au fil des décennies, le sionisme a éclaté, devenant une sorte de mouvement générique. Parallèlement, un mouvement antisioniste est né, notamment parmi les Juifs religieux qui pensaient qu'il n'était pas possible d'établir l'État d'Israël sur terre, puisque Israël existera à la venue du Messie.

THÉO KLEIN. – Le mouvement sioniste est un mouvement d'émancipation du ghetto répondant à une aspiration très ancienne. Le retour à Sion fait partie de la prière juive depuis la nuit des temps, ce qui n'est pas sans signification. En ce sens, tous les Juifs étaient alors sionistes.

Puis, c'est devenu un mouvement de libération, notamment pour les Juifs ghettoïsés d'Europe centrale, qui cherchaient à se libérer du judaïsme religieux. La plupart étaient laïques, plutôt de gauche et souhaitaient créer un monde de liberté qui dépendrait d'eux-mêmes. Ce monde, celui des *kibboutzim*, incarnait à la fois quelque chose de nouveau et la reconstitution de l'ancien.

Il est incontestable que ces personnes ont donné un sens concret et politique à ce qui n'était jusqu'alors qu'une aspiration. Au sein des communautés juives, le sioniste était volontiers défini comme « un Juif qui donne de l'argent à un autre Juif pour qu'un troisième Juif aille en Palestine ».

Mais les sionistes n'avaient pas une conscience politique suffisamment développée pour comprendre que, plutôt que de faire la cour aux Britanniques, mieux aurait valu se mettre du côté des Arabes, les épauler dans leur mouvement d'émancipation.

ANTOINE SFEIR. – Depuis 1920 – échéance supposée de l'indépendance, jusqu'à laquelle le mandat franco-britannique était censé accompagner les populations –, les partis communistes de tous les pays arabes sont dirigés par des Juifs ou des chrétiens. Ce n'est pas un hasard. Cette émancipation traduisait un véritable besoin de la part des populations locales.

D'autres sous-mouvements se sont développés au sein du mouvement sioniste, comme celui de l'Ukrainien Vladimir Jabotinski, dans lequel Menahem Begin a fait ses armes.

THÉO KLEIN. – Je précise que le parti de Jabotinski, figure primordiale de l'extrême droite, prônait l'intégration des deux rives du Jourdain, c'est-à-dire de la totalité de la Palestine. Il évoquait également la construction d'une muraille de fer entre les Arabes et les Juifs, soutenant par ailleurs que le combat durerait aussi longtemps que nécessaire et qu'il ne faudrait jamais rien céder. À travers Begin, le parti de Jabotinski a cédé sur l'une des rives – bien que le chant du parti reste « dédié aux deux rives du Jourdain ».

ANTOINE SFEIR. – Par la suite, la création de l'État d'Israël a été instrumentalisée dans les pays arabes, à tel point qu'un mouvement antisioniste a vu le jour au sein du nationalisme arabe.

En 1945, le roi Ibn Saoud érige l'arrêt de l'immigration juive en Palestine en condition de la signature d'un accord stratégique, accord qui place l'Arabie Saoudite sous la protection américaine, en échange de la cession de l'exploitation de ses ressources pétrolières. Roosevelt lui répondra que cette question ne le regarde pas.

Il n'en demeure pas moins qu'Ibn Saoud voulait que l'Arabie Saoudite, fondée en 1932, prenne la tête du mouvement antijuif. Il n'est alors plus question d'une quelconque confusion entre sionisme et sémitisme : Ibn Saoud est tout simplement antijuif.

Théo Klein. – Apparemment, les sionistes n'avaient d'autre choix que de travailler de concert avec les Britanniques, puisque ces derniers avaient mandat d'administrer le territoire. Ils étaient les chefs d'orchestre au compte de la communauté internationale. De fait, quoi de plus normal que de discuter avec les hommes chargés d'aboutir à l'indépendance de la région ?

Je pense toutefois que les sionistes n'ont pas compris combien le temps du colonialisme était en train de disparaître – et je comprends très bien un tel manquement. Peut-être aurait-il fallu manifester plus d'intérêt pour les futurs voisins, nouer plus de relations avec eux et, surtout, réaliser que le retour au pays, le retour à l'origine sémitique, conduisait à reconnaître l'Arabe comme son voisin et son cousin. Or, cette démarche n'a sans doute pas été suffisamment saisie par les dirigeants juifs du moment.

Il est cependant difficile de leur en faire le procès. Nous sommes même en droit de supposer que, y compris parmi les Arabes, certains estimaient nécessaire de s'entendre avec les Britanniques, les Américains et autres représentants des puissances occidentales. Ils n'étaient pas prêts à faire la révolution contre elles ni à se libérer totalement du colonialisme. La libération, ou plutôt la conscience de la nécessité de se libérer, n'est venue que petit à petit.

En 1922, les délégués du Congrès arabe expliquent aux sionistes qu'ils ne veulent pas des grandes puissances colonialistes, pour la raison que s'ils s'adressent à elles, ils ne seront jamais indépendants. Le problème est donc déjà souligné. Mais les délégués sionistes ont-ils réellement pris conscience de cet aspect ?

ANTOINE SFEIR. – On peut également remarquer qu'à
cette époque, si la population juive du Proche-Orient
se sent concernée par ce qui se passe, elle ne fait pas
pour autant ses bagages pour partir massivement en
Palestine, loin de là !

THÉO KLEIN. – En 1922, les délégués arabes ne
parlent pas de deux États distincts, mais d'égalité des
droits. Globalement, durant la période du mandat, leur
position quant au projet sioniste demeure relativement
négative. En novembre 1947, le rejet par les États arabes
réunis au Caire de la décision de partage de la Palestine
par l'ONU ne sera d'ailleurs qu'une suite logique de
toute cette époque.

En Palestine, parmi les intellectuels et les fondateurs
de l'université de Jérusalem, certains Juifs étaient partisans d'un État commun. De nombreux débats existaient sur ce sujet. Les sionistes ont pour leur part
réfuté cette idée, au profit d'un État juif démocratique
où chacun serait respecté. Mais sans majorité juive, la
notion même d'État juif n'avait plus la moindre légitimité. C'est pourquoi Ben Gourion ne cessait de dire
qu'il fallait faire venir des gens.

Pour certains, il s'agit ni plus ni moins d'une forme
de colonialisme. Mais il me semble délicat de soutenir
ce genre de théorie : si le sioniste prône un retour dans
son propre pays, le colonialiste n'a en revanche aucun
lien historique avec la terre qu'il accapare. Comment
voulez-vous coloniser une terre sur laquelle vous
retrouvez les traces de votre passé ?

Or, dans l'esprit des sionistes, il n'était nullement
question de priver quiconque de sa terre, la chose est
claire. Leur objectif consistait à faire fructifier une

terre qui leur avait jadis appartenu et qui, bien que désormais peuplée, n'était pas dans un état de développement exceptionnel.

ANTOINE SFEIR. – Je voudrais faire le point sur cette période. Après que les deux grandes puissances ont décidé le partage du Proche-Orient, les frontières internationales sont proclamées en 1920. En 1922, le Congrès arabe n'est pas hostile – au contraire – à l'intégration des Juifs dans le territoire dit palestinien. Les sionistes, en tant que mouvement politique, revendiquent quant à eux un État à part entière.

Toutefois, certains Juifs vivant en Palestine préfèrent le concept d'un État commun à ces deux peuples, et les Palestiniens s'accrochent à cette idée. Juifs et Palestiniens travaillent alors ensemble sans rencontrer le moindre problème.

C'est alors que les Britanniques se mettent à jouer les uns contre les autres, poussant la résistance juive à s'en prendre à eux, et non aux Arabes ; puis c'est au tour de ces derniers de réagir contre ces mêmes Britanniques, et non contre les Juifs...

THÉO KLEIN. – En 1919, lors de la conférence précédant la signature du traité de Versailles, lequel détermina les conditions de la paix consécutive à la Première Guerre mondiale, les Syriens ont présenté un projet de « Grande Syrie » qui regroupait peu ou prou la Syrie, le Liban, la Jordanie, Israël, la Palestine, l'Irak et une partie de la Turquie.

S'estimant davantage développés que d'autres, et par conséquent fermement décidés à refuser un homme du désert comme roi, les Syriens étaient opposés à la création d'un grand empire arabe. Et l'on m'a dit – je n'ai malheureusement jamais pu le vérifier – que ce projet de Grande Syrie comportait un département juif. Ce qui signifie que les Syriens n'étaient pas opposés à l'idée qu'il y ait, quelque part, une zone où les Juifs pourraient prédominer.

ANTOINE SFEIR. – Autrement dit, un foyer national juif, tout comme il y avait un foyer national chrétien...

THÉO KLEIN. – Tout cela est extrêmement complexe. Si le jeu des grandes puissances est important, celui de la protection des Lieux saints l'est tout autant. L'Église catholique n'a jamais spécialement souhaité que les Juifs soient dominants à Jérusalem ; les musulmans, quant à eux, ne peuvent pas supporter l'idée d'un temple à Jérusalem, de crainte de voir remise en cause l'existence même de la mosquée al-Aqsa. Une telle crainte est à mon avis sans fondement, mais elle demeure, hélas, incontrôlable.

ANTOINE SFEIR. – Et n'oublions pas que, pour les musulmans, l'islam est l'achèvement d'un grand mouvement que le monothéisme a enclenché et qui s'est poursuivi avec le judaïsme et le christianisme. « Je suis le sceau des prophètes, je suis venu parfaire votre religion », dit Muhammad.

À ce stade, il est important de souligner que la création de l'État d'Israël est avant tout la victoire du mouvement sioniste, une victoire politique au sein même du peuple juif.

THÉO KLEIN. – Je ne suis pas certain que, dans les années 1920-1930, les Juifs du monde entier étaient majoritairement sionistes. J'ai retrouvé un jour le discours d'un président du Conseil français, sans doute Aristide Briand, prononcé à Paris lors d'une réunion avec une organisation prosioniste. Il disait : « Vous faites un travail magnifique pour vos frères qui ne peuvent pas continuer à vivre là où ils sont, parce qu'ils sont maltraités. » Et il ajoutait : « Mais votre Jérusalem à vous, c'est la république. »

ANTOINE SFEIR. – Nous sommes bien d'accord qu'il s'agit là de la notion même de citoyenneté, laquelle s'applique tout autant aux Polonais qui ont connu le ghetto de Varsovie ou les pogroms russes avant l'Union soviétique... N'oublions pas qu'il a existé un État juif en Union soviétique : le Birobidjan.

THÉO KLEIN. – Plusieurs phénomènes totalement indépendants se conjuguent, au premier plan desquels on peut évoquer le besoin de sortir du ghetto, de se libérer de la contrainte religieuse. Certains jeunes Juifs, attirés par des théories du socialisme, voire du communisme, veulent ainsi recréer un endroit où ils aimeraient vivre comme les autres peuples, avec des agriculteurs, des ouvriers...

Il faut également tenir compte du jeu avec les Britanniques et les Arabes, du manque d'attention et de compréhension entre les Juifs et les Arabes, des pressions extérieures, de la volonté d'avancer rapidement, peut-être trop...

Au bout du compte, nous en sommes arrivés, de

malentendu en malentendu, à la situation que nous connaissons tous aujourd'hui.

Mais j'aimerais insister sur un point précis. Il me semble en effet que tout ce processus s'est déroulé au cours d'une période où le monde évoluait au rythme du colonialisme, selon l'idée que la puissance coloniale apportait quelque chose aux pays dans lesquels elle s'installait.

ANTOINE SFEIR. – Je rappelle le discours de Jules Ferry : « Nous allons apporter la civilisation à ces populations. »

THÉO KLEIN. – À l'époque, les dirigeants n'avaient pas compris que ce courant touchait à sa fin, qu'une révolution était en marche. Aujourd'hui, les sionistes sont considérés comme des impérialistes, des néocolonialistes, alors que ce n'était pas du tout leur philosophie. Ainsi, lorsque Ben Gourion crée la Histadrout en 1920, ce syndicat qui défendra les droits des travailleurs juifs en Palestine et leur offrira un système de santé, il l'ouvre également aux ouvriers arabes !

Il s'agit en réalité d'une action de préparation de l'État, puisque la Histadrout crée en grande partie les premières industries juives. Avec les *kibboutzim*, elle forme les militaires. Même si, évidemment, il leur manque les équipements les plus importants.

Lorsque l'État d'Israël est proclamé, une véritable structure organisée existe donc bel et bien – ce qui n'aurait d'ailleurs pas été possible autrement ; sans un début d'organisation, ils n'auraient jamais pu résister aux armées arabes. L'extrême droite forme elle aussi ses unités combattantes, plus ou moins terroristes, mais cela reste un cas à part.

Du reste, l'un des premiers « épisodes » de la création d'Israël survient avec l'ordre donné par Ben Gourion de tirer sur des membres de l'Irgoun, donc l'extrême droite, qui ont affrété un bateau rempli d'armes. Ben Gourion forcera ensuite l'extrême droite à s'intégrer dans l'armée, la brisant ainsi militairement.

Pour en revenir à l'époque qui nous concerne, je dirais que l'on assiste à une série de malentendus, notamment dus au fait que les Juifs manquent d'une expérience profonde de la vie politique.

ANTOINE SFEIR. – Les Arabes n'avaient guère plus d'expérience. Ils ont toujours été des sujets ottomans qui obéissaient aux décisions du calife et appartenaient à un système dans lequel chaque communauté était responsable devant la « Sublime Porte », autrement dit l'Empire ottoman, par allusion à la porte d'honneur du vizirat d'Istanbul. Et, soudainement, les pays arabes se retrouvent instrumentalisés.

THÉO KLEIN. – L'ensemble de cet espace est dominé par des peuples arabes. La démarche qui aurait dû être faite en son temps aurait justement consisté à dire aux Arabes : « Nous sommes vos cousins, nous revenons sur les lieux où nous avons vécu ensemble et nous vous demandons de nous accueillir. »

ANTOINE SFEIR. – Dans le même ordre d'idées, je trouve affligeant qu'aujourd'hui l'enseignement de la langue arabe ne soit plus aussi généralisé qu'il ne l'a été en Israël. Il s'agirait pourtant là, me semble-t-il, d'une véritable passerelle. De la même manière, j'aimerais que l'on recommence à enseigner l'hébreu dans les pays du Levant.

THÉO KLEIN. – D'autant que de nombreux Palestiniens parlent très bien l'hébreu !

ANTOINE SFEIR. – Mais la majeure partie de la population le parle couramment ! Je me souviendrai toujours d'une scène que j'ai vécue en février 1988, lors de la première Intifada. Un jeune soldat israélien, roux, armé d'une matraque, poursuivait un Palestinien légèrement plus jeune. Il l'insultait en arabe, tandis que ce dernier lui répondait en hébreu ! Cela m'a tellement frappé que j'ai décidé de proposer à ces deux garçons de prendre un café ensemble, ce qu'ils ont fini par accepter. C'était proprement hallucinant ! Au bout de deux minutes, ils se parlaient, certes avec virulence, mais au moins ils dialoguaient. Je suis sorti de ce café pour les laisser seuls...

THÉO KLEIN. – Puisque nous en sommes aux anecdotes, je vais vous en raconter une qui me semble elle aussi très révélatrice.

Un commerçant arabe de Jérusalem, que je voyais régulièrement au cours de la première Intifada, ouvrait son magasin sans tenir compte des instructions de la police – au même titre, du reste, que nombre de personnes dans la vieille ville. Après les accords d'Oslo, il se rend un jour à Ramallah. Suite à un problème de circulation, il est arrêté par la police locale et se retrouve en cellule pendant une ou deux heures ; survient alors un officier, qui lui demande pourquoi il n'a pas précisé qu'il avait été le responsable de l'Intifada dans la vieille ville ! (Le commerçant m'a raconté cette histoire sans ciller, preuve que c'était la vérité.) Finalement, l'officier le libère et le laisse repartir en voiture. Mais, choqué par les traitements qu'il a subis durant son arrestation, le commerçant décide d'aller consulter un médecin... à l'hôpital israélien de Jérusalem !

Cette attitude me semble vraiment caractéristique des relations entre Juifs et Arabes en Israël.

3

L'État d'Israël

ANTOINE SFEIR. – Alors que les Anglais disposent
encore de forces militaires en Palestine, les Nations
unies adoptent le 29 novembre 1947 une résolution
prévoyant le partage du territoire en un État juif et un
État arabe. Ces deux sociétés qui, malgré leurs différences – l'une est fortement occidentalisée, l'autre pas
du tout –, ont toujours réussi à cohabiter sans incident
notable dans cette région, deviennent dès lors enne-
mies, principalement du fait des Arabes, qui campent
sur l'idée, résultant de la conférence du Caire de 1922,
d'un État palestinien comptant une forte population
juive. Or voilà que tout d'un coup, parmi les Juifs de
Palestine, les sionistes voient leur victoire incarnée
par cette résolution : la création en Palestine d'un État
hébreu appelé Israël...

THÉO KLEIN. – Les premières réactions surviennent
durant cette période. À ce stade, il convient de bien dif-
férencier les simples échauffourées, les incidents entre
Juifs et Palestiniens arabes avant la proclamation de
l'État d'Israël, et l'intervention des armées de la Ligue
arabe à compter du 15 mai 1948 – date du début de la
première guerre israélo-arabe.

N'oublions pas non plus qu'à ce moment-là les États arabes empêchent la proclamation d'un État palestinien. Égyptiens, Irakiens, Libanais, Syriens et Transjordaniens refusent le partage et investissent le territoire, probablement en vue d'en chasser les Juifs et d'empêcher l'émergence de l'État qui vient d'être proclamé.

Le plan de partage était si extraordinairement compliqué que l'une des principales conséquences de la guerre sera de le simplifier à l'avantage des Israéliens.

Le déplacement massif de populations auquel on assiste alors s'explique par au moins deux raisons ; d'une part, les puissances, après avoir fait savoir qu'elles allaient attaquer, ont recommandé aux populations de fuir la guerre et de partir se réfugier provisoirement vers les pays arabes ; d'autre part, il faut bien reconnaître que les Israéliens ont expulsé les Arabes d'un certain nombre d'endroits...

ANTOINE SFEIR. – Selon moi, il ne faut pas non plus oublier l'émergence d'un mouvement particulièrement terroriste, qui a confondu la guerre contre les armées arabes et la guerre contre les populations.

THÉO KLEIN. – C'était aussi l'époque de la rectification des frontières. Bien Gourion avait des vues sur la Galilée – où la frontière prévue par le plan de partage ne lui convenait guère – ainsi que sur le désert du Néguev, dont il a toujours rêvé et dont les Israéliens n'ont malheureusement rien fait. Si les Israéliens avaient consacré au Néguev les sommes d'argent qu'ils ont investies dans les territoires, Israël se serait encore mieux développé et aurait probablement pu éviter de se retrouver dans sa situation actuelle. Car le Néguev est exploitable.

Nombre de Palestiniens quittent donc le territoire. Mais il existe une exception intéressante : Haïfa, d'où les Juifs enjoignent ardemment aux Arabes de ne pas partir. Ceci explique à la fois pourquoi Haïfa, aujourd'hui encore, est constituée d'une importante population arabe, et pourquoi les relations avec les Juifs y demeurent jusqu'à présent relativement acceptables.

ANTOINE SFEIR. – À cette époque, ce sont tout de même sept cent cinquante mille réfugiés qui quittent le pays... Mais les nations arabes ne sont pas stupides. Elles disent aux réfugiés palestiniens : « Nous allons vous ramener à la maison. En attendant, nous allons vous placer dans des camps et vous donner des titres de séjour, mais pas des titres de travail. »

Ainsi, tous les pays plus éloignés envoient de l'argent – sauf le Maghreb, qui n'est pas encore concerné –, alors que sur place les réfugiés travaillent au noir, ce qui permet en outre de saper les mouvements syndicaux naissants. Les patrons et les propriétaires terriens ont tout gagné !

THÉO KLEIN. – Cette guerre est fortement politique. Mais le mufti de Jérusalem joue tout de même un rôle important. Et il est un personnage religieux. Je ne connais pas assez les détails de l'époque pour savoir quelle fut la part des éléments religieux utilisés pour soulever les populations arabes.

ANTOINE SFEIR. – En 1936, c'est le mufti de Jérusalem, donc l'autorité de Dieu, qui lance la grève. Et en l'absence de calife depuis douze ans, il n'y a pas de recours. Le chérif de La Mecque a été balayé par les

Saoudiens et se trouve en Jordanie, d'où il lance un combat quasiment religieux, destiné à empêcher ce qui est en train de se passer au nom de l'islam. Mais il n'y parvient pas.

L'Égypte royaliste prenant la tête de la guerre, nous n'en sommes pas encore à la lecture religieuse. Pour autant, on ne peut pas entièrement occulter l'aspect religieux, qui reste très mobilisateur.

Lorsque Nasser prend la tête du nationalisme arabe, c'est précisément ce même nationalisme qui sous-tend la lutte des Arabes. Mais ce n'est que le discours de Nasser. Celui des Saoudiens est tout à fait différent et demeure uniquement religieux. Les Occidentaux vont faire l'erreur de traduire *oumma* par le terme « nation ». S'il est vrai qu'il y avait d'un côté la *oumma arabia*, la « nation arabe », il s'agissait avant tout pour les Saoudiens de la communauté des croyances hors frontières.

THÉO KLEIN. – Ce point est important. Je crois me souvenir que, pendant toute cette période, il n'est question que du rattachement à l'*oumma*. Les Palestiniens se réclament de cette *oumma*, de la patrie arabe, mais pas de la Palestine. La notion d'un État palestinien n'existe pas encore.

ANTOINE SFEIR. – Il existe une explication à cela. En 1917, la France et la Grande-Bretagne signent les accords Sykes-Picot. Ils veulent créer des États-nations dans la région et, pour ce faire, établissent des frontières qui, tout compte fait, ne tiennent pas réellement compte de la géographie naturelle. Un exemple : la Mésopotamie, *meso potamós*, le pays entre les deux fleuves, le Tigre et l'Euphrate. Les Anglais se moquent de cette réalité. Ils en font le pays *au-delà* des deux fleuves, à cause du pétrole, et établissent des frontières dans une région qui n'en a jamais connu depuis l'époque des Pharaons !

Mon père, qui était avocat, partait le matin de Beyrouth, allait plaider à Jérusalem et rentrait le soir sans avoir traversé la moindre frontière. Cela représentait cent quatre-vingts kilomètres, autant dire une misère. Et voilà que, tout à coup, les colonisateurs imposent des postes de douane...

Le comble, c'est que le mandat français a formidablement réussi. J'en suis la preuve vivante. Certes, les Français ont été fortement aidés par la trentaine de congrégations religieuses – essentiellement catholiques françaises – implantées au Liban pour se rapprocher de la Terre sainte. L'enseignement était généralisé. Mon père chantait « Maréchal, nous voilà » ! Et chaque fois que l'on nous dit aujourd'hui, en France, que les sunnites, les chiites, les druzes et les Alaouites forment un tout un peu compliqué, je réponds que ce n'était pas plus le cas des Mérovingiens, des Capétiens et de « mes » ancêtres les Gaulois, que l'on m'a pourtant obligé à connaître par cœur !

On oublie souvent ce qui a été à l'origine de l'arabisme. À la fin du XIXe siècle, l'Empire ottoman, devenu « l'homme malade » de l'Orient, veut se réfugier dans un islam radical, ou du moins dans l'« ottomanisation » de l'administration, de la justice, etc. Les chrétiens d'Orient, notamment du Liban, réagissent contre cela. Ils vont être à la base de la *Nahda*, la Renaissance arabe, et expliquer qu'il ne s'agit pas de se réfugier dans l'islam, mais au contraire de revenir à l'*oumma arabia*, à la nation arabe. Ce n'était pas tout à fait sans arrière-pensée. Les chrétiens d'Orient vont dès lors développer la sécularisation des sociétés arabes, précisément par rapport à l'islam. Et lorsque Nasser fait sa révolution, ses conseillers sont essentiellement chrétiens.

Mais l'Arabie Saoudite ne l'entend pas de cette oreille. Pour les Saoudiens, l'*oumma* est la communauté musulmane dans le monde.

THÉO KLEIN. – N'ayant pas vécu cette période d'assez près, je n'ai que des impressions générales. *A posteriori*, il apparaît que la défaite de l'Empire ottoman a créé un vide politique. Ce vide, les Anglais avaient imaginé le combler par la création d'un grand royaume arabe, à laquelle les Français se sont opposés. Ils se sont installés au Liban et en Syrie. C'est alors que les Anglais ont créé l'Irak, en rassemblant des gens qui n'avaient aucune vocation à vivre ensemble. Le résultat fut une espèce d'insatisfaction générale des populations arabes, majoritairement musulmanes, qui n'avaient pas obtenu ce qu'elles souhaitaient. Il me semble qu'une partie du désordre que connaît cette région vient de là.

Les Anglais, à l'époque du mandat, ont essayé de placer les deux fils du chérif de La Mecque en créant l'Irak pour Fayçal et la Transjordanie pour son frère. Lors de la création de la Palestine, je crois savoir que le roi de Transjordanie avait des vues sur ce territoire. Les Syriens, quant à eux, avaient développé l'idée d'une « Grande Syrie », incluant la Palestine et le Liban, selon eux partie intégrante de leur territoire naturel. Le désordre est donc général !

ANTOINE SFEIR. – Le désordre est à la fois identitaire et idéologique. Poussons le raisonnement. Les chrétiens du Liban, majoritaires dans leur pays, ne veulent entendre parler ni de l'arabisme ni du syrianisme ! Rappelons que le Liban est le premier territoire ottoman de la région déclaré autonome après les massacres de 1860. La montagne libanaise est chrétienne, même s'il y a une forte population druze.

Après la guerre de 1948 entre Israël et les pays arabes, deux concepts totalement différents s'affrontent : celui de l'Arabie Saoudite et celui de l'Égypte.

Ils vont même s'affronter militairement au Yémen. Cette confrontation va entraîner la création du Sud-Yémen, laïque et marxiste.

Là, l'Occident commet des erreurs monumentales. Tout d'abord, Nasser ne veut pas s'adresser aux colonisateurs. En 1952, il se tourne vers une jeune nation qui ne s'est pas beaucoup intéressée à la région, hormis à l'Arabie Saoudite : les États-Unis d'Amérique. Les frères Dulles, le secrétaire d'État John Foster et Allen Welsh, patron de la CIA, lui disent en substance : « Comment veux-tu nous intéresser, puisque tu n'as même pas une goutte de pétrole à nous apporter ? » De fait, les frères Dulles ne s'intéressent pas à cet espace, mais à l'Iran, où ils montent un coup d'État en 1953, pour des raisons pétrolières. C'est pourquoi, cette même année, Nasser joue dans la cour des non-alignés avec Nehru et Tito – qui vont quasiment se jeter dans les bras des Soviétiques.

Afin de réguler le niveau du Nil, Nasser avait demandé l'aide des Américains pour la construction du barrage d'Assouan. Il y a là une histoire merveilleuse. Il paraît que dans l'immeuble du barrage d'Assouan, au Caire, les Russes étaient installés au premier étage pour travailler sur les plans, les Allemands de l'Est au deuxième pour préparer les précontrats, les Bulgares au troisième pour organiser la mise en place, et ainsi de suite jusqu'au sixième étage, envahi par un nuage de fumée aux relents de haschich avec, en fond sonore, une voix qui dit en arabe : « Nous avons conçu le barrage d'Assouan ! » Au-delà de l'anecdote, c'est exactement ce qui s'est passé. Mais la grande erreur sera la nationalisation du canal de Suez, en 1956.

Théo Klein. – Je voudrais revenir un peu en arrière et vous interroger sur un événement qui a eu des répercussions importantes : la transmission de pouvoir du chérif de La Mecque aux Saoudiens.

Antoine Sfeir. – On peut même parler de répercussions énormes ! Il s'agit là d'une très belle saga de reconquête. En 1902, Ibn Saoud se réfugie au Koweït. Avec une quarantaine de combattants wahhabites, il part reconquérir deux provinces saoudiennes de l'ancien royaume : le Nadjd et le Hedjaz. Il conquiert militairement La Mecque, puis pousse le chérif Hussein dehors – littéralement, *chérif* veut dire « noble », mais c'est un titre qui est précisément accordé à celui qui, à La Mecque, représente la descendance directe du Prophète. Ibn Saoud se livre ensuite aux Anglais, présents dans la région, surtout dans le Golfe, qui lui promettent ce fameux royaume arabe qui s'étend de La Mecque à Damas.

Mais les Français ne l'entendent pas de cette oreille. Lorsque Fayçal, un des fils d'Hussein, rentre à Damas, il y est applaudi même par les intellectuels syro-libanais qui pensent pouvoir s'en débarrasser très vite pour créer par la suite une république arabe.

C'est à cette époque que se déroule la bataille de Meisseloun, livrée par le général Gouraud, qui dirige la troupe française du Liban. Le chérif Hussein se trouve à Amman, en Transjordanie – il faut savoir qu'à cette époque, contrairement à Jérusalem, Amman est un village quasi désertique. Les Anglais, quant à eux, font d'Abdallah, un autre fils de Hussein, l'émir de Transjordanie et donnent l'Irak à Fayçal, qui a été roi de Syrie pendant quelques semaines. De 1921 à 1958, Bagdad est hachémite. Ce n'est que lorsque le petit-fils de Fayçal et cousin de Hussein de Jordanie, Fayçal II, est assassiné à l'âge de dix-sept ans par les républicains du général Kassem, que les choses changent. Mais nous n'en sommes pas là.

Entre-temps, Nasser nationalise le canal de Suez. Et que font les Français et les Britanniques, ces grandes puissances en fin de parcours et complètement exsangues ? Elles déclenchent la guerre, baptisée « expédition de Suez », appellation moins belliqueuse. Les Européens entraînent avec eux Tsahal, l'armée de l'État d'Israël, qui va ainsi conforter son label d'excroissance du monde occidental dans la région.

Or, la nationalisation du canal de Suez ne présente, à ce moment précis, aucun intérêt. Il s'agit tout autant d'une formidable victoire militaire pour les Anglais et les Français que d'une pitoyable défaite sur le plan politique. Les deux grandes puissances, sitôt débarquées, doivent immédiatement rembarquer sous la pression conjointe d'Eisenhower et de Khrouchtchev. Tout le monde se souvient de l'éclat de rire de Nasser à cette nouvelle !

Il se produit ensuite une chose extraordinaire, pourtant restée inaperçue. D'un côté, Nasser essaie de séculariser les sociétés, prêche un panarabisme séculier et met en prison les Frères musulmans ; de l'autre côté, l'Arabie Saoudite prêche le concept de la communauté sans frontières et s'efforce d'islamiser ces mêmes sociétés. Et que font les Américains ? Rappelons que nous sommes alors en pleine guerre froide, qui voit s'opposer un monde libre et un autre qui ne l'est pas exactement... Dans cette opposition, les Américains apparaissent comme les champions. Et pourtant, ils entraînent ce monde libre, représenté par la France et la Grande-Bretagne, dans une alliance avec les Saoudiens, autrement dit avec le pire islam qui soit : l'islam wahhabite, littéraliste, rétrograde et archaïque !

Cette alliance – qui se concrétise entre 1957 et 1960, notamment par le pacte de Bagdad – marque un coup d'arrêt à la sécularisation des sociétés arabes, ainsi que le début d'une islamisation radicale des sociétés. Or, ce mouvement s'amorce alors même que, dans les principales capitales arabes, s'installe ce que l'on a pudiquement appelé en jargon diplomatique les « ruptures de représentativité », c'est-à-dire, en bon français, des dictatures. Un seul endroit échappe au verrouillage des libertés publiques et individuelles, permettant encore une expression libre : les lieux de culte. Les mosquées deviennent le noyau de toute opposition aux dictatures. Et ces mosquées sont déjà aux mains des Saoudiens. Dès lors, la boucle est bouclée. Aujourd'hui encore, nous payons ce processus.

THÉO KLEIN. – Il ne faut pas oublier qu'à cette période, marquée par la chute des empires coloniaux, les États-Unis sont anticolonialistes.

ANTOINE SFEIR. – Et c'est bien pour cela que Nasser se tourne vers eux. Aujourd'hui, lorsqu'on considère cela avec le recul, on se dit que c'est fou. Que de temps perdu ! Et les Américains n'étaient pas encore installés au Moyen-Orient. À cette époque et jusqu'en 1962, l'État d'Israël est fortement soutenu par la France.

THÉO KLEIN. – Au départ, la France a hésité. Je me souviens du voyage du président israélien Chaim Herzog en France et de François Mitterrand lui disant : « Nous avons immédiatement reconnu Israël. » C'est faux ! La France a reconnu *de facto* l'État d'Israël après sa proclamation, mais il a fallu attendre la fin de l'année 1948, peut-être même un peu plus, pour obtenir la reconnaissance officielle de l'État hébreu. La France avait des intérêts dans les pays arabes qu'elle ne voulait pas compromettre, notamment sa présence au Liban et en Syrie.

ANTOINE SFEIR. – L'Union soviétique sera la première à reconnaître l'État d'Israël. Les États-Unis, pour leur part, mettront plus d'un an à le faire. L'histoire israélo-palestinienne est donc à resituer dans un contexte général vaste.

Création de l'État d'Israël ou pas, la situation locale est complexe. D'une part, le roi de Transjordanie avait des vues sur la Cisjordanie et faisait tout pour éviter une organisation régalienne en Palestine. Raison pour laquelle certains dirigeants israéliens disent que les Palestiniens ont leur patrie en Jordanie. Ils inventent une citoyenneté jordano-palestinienne. D'autre part, la Syrie et le Liban avaient déjà une nationalité, une citoyenneté en construction.

Comme dit le proverbe libanais : « Avec des "si", on n'a jamais construit une maison. » On ne sait pas ce qui se serait passé sans la création de l'État d'Israël. Il n'en reste pas moins que, aujourd'hui, nous assistons à la destruction de l'État-nation dans cette région du monde.

Théo Klein. – Il me semble tout de même que l'une des caractéristiques des Palestiniens est qu'ils n'ont pas d'histoire, dans le sens d'un récit commun à tous les Palestiniens. Je suppose qu'il en existe dans certaines petites régions, mais il n'y a pas réellement d'histoire commune.

Antoine Sfeir. – En réalité, il s'agit de l'histoire commune de tous les peuples arabes de l'Empire ottoman.

Théo Klein. – L'Égypte a plus ou moins eu la possibilité de se forger une histoire, mais pas la Palestine.

Antoine Sfeir. – L'histoire de l'Égypte commence avec les pharaons, les dynasties, etc. Mais à partir du moment où leur empire tombe, tous – y compris les Juifs – connaissent alors des histoires communautaires. Et chaque communauté a des histoires différentes. À ceci près qu'il s'agit du sort et du destin de ces peuples, qui n'ont qu'une citoyenneté communautaire...

4

Les années 1950

Antoine Sfeir. – La révolution égyptienne a été un rendez-vous manqué. Le gouvernement Ben Gourion – c'est la perception arabe que nous retranscrivons ici – apparaît alors comme un gouvernement inquiétant pour les régimes arabes, puisqu'il est de gauche. Les *kibboutzim* et les *moshavim* – les collectivités agricoles – donnent le mauvais exemple.

Dans le même temps, et quoi qu'en disent les gouvernements en place, les réfugiés palestiniens représentent une aubaine extraordinaire pour ces mêmes régimes ; ces nouveaux travailleurs clandestins leur sont en effet servis sur un plateau d'argent.

Les intellectuels clament pour leur part qu'ils vont pouvoir s'entendre avec Ben Gourion et Moshé Sharett, des gens d'un âge certain et qui ne semblent pas belliqueux. Ils pensent en outre que les Juifs installés depuis longtemps sur le territoire seront pour eux des « passerelles », puisqu'ils sont arabes avant d'être des Juifs.

Dans les années 1950, l'arrivée au pouvoir de Neguib et des officiers libres d'Égypte incite également à penser qu'une entente demeure possible.

La seule armée arabe qui est parvenue non seulement

à résister, mais également à pénétrer sur le territoire israélien est alors celle du Liban, qui est arrivée jusqu'à Akko – Saint-Jean-d'Acre –, où elle n'a toutefois demandé qu'à revenir sur ses frontières internationales et qu'à signer le traité d'armistice.

Un problème se pose alors au Liban. L'Irgoun et le Stern, deux organisations paramilitaires, profitent de la situation pour s'attaquer aux villages de Galilée, afin de pousser les Palestiniens, majoritairement chrétiens, à quitter cette région. Eux aussi vont se retrouver dans des camps. Mais avec Neguib au pouvoir, tout le monde s'attend à des négociations. L'émergence de Nasser, diabolisé par l'Occident, et le drame de Suez feront rapidement tout basculer.

THÉO KLEIN. – Ben Gourion a forcé la main de nombre de ses collègues en acceptant le partage tel qu'il était proposé. Nombre de dirigeants sionistes trouvaient ce partage inacceptable, d'autant que certains rêvaient déjà du Grand Israël. Il est établi que Ben Gourion était assez satisfait des accords d'armistice de Rhodes – qui fixaient, en quelque sorte, les limites des combats – et de la nouvelle frontière, plus large et plus facile à défendre que l'ancienne, laquelle, c'est peu de le dire, était extrêmement tourmentée. Après la guerre des Six Jours, l'ONU a demandé aux Israéliens de retourner dans les limites de cette frontière ; de ce fait, elle a été internationalement reconnue comme celle d'Israël.

Ben Gourion avait deux préoccupations : le développement du pays, qu'il s'efforçait d'accélérer, et celui des forces militaires. Je me souviens des contacts que j'avais à l'époque avec les membres de l'ambassade d'Israël à Paris, notamment l'attaché militaire ; ils montraient un très vif intérêt pour les fournitures d'armes. Pour autant, il n'est pas aisé d'affirmer qu'existait à cette époque un esprit de conquête militaire.

Parallèlement, les événements survenus en Algérie ont fortement infléchi la politique française au Proche-Orient. « Israël, notre ami, notre allié » : tel était le slogan de cette époque cruciale... Dans sa fameuse conférence de presse de 1967, le général de Gaulle reconnaît qu'une fois l'affaire de l'Algérie réglée il conviendra de rétablir de bonnes relations avec les Arabes – ce qui ne signifie pas forcément établir de mauvaises relations avec Israël.

ANTOINE SFEIR. – Avant d'en arriver à cette époque, il nous faut évoquer deux ruptures qui ont marqué les années 1950 : l'émancipation de la Tunisie et du Maroc – qui, grâce à Pierre Mendès France et Edgar Faure, se fait sereinement –, puis la guerre d'Algérie. Celle-ci commence avec les attentats de la Toussaint 1954.

Nasser n'est pas alors à son apogée, mais il émerge et s'affirme déjà comme l'officier libre le plus important, au point d'écarter Neguib et de devenir le nouveau dirigeant égyptien. En 1956, le détournement de l'avion transportant les dirigeants du FLN et du GPRA algériens lui permet même de passer d'une dimension de dirigeant égyptien, puis proche-oriental, à celle de dirigeant panarabe, jusqu'en Afrique du Nord. Il s'agit là d'une première rupture importante.

Survient la guerre de Suez, lors de laquelle les États-Unis entraînent la France, la Grande-Bretagne et Israël dans une alliance avec l'Arabie Saoudite, alors même qu'émergent les dictatures arabes. Ce phénomène, que nous avons déjà évoqué, marque une deuxième rupture dont nous payons aujourd'hui encore la dramatique conséquence : l'arrêt net du processus de sécularisation des sociétés arabes, transformé en un processus de réislamisation littéraliste et archaïque.

Théo Klein. – Mon analyse est un peu différente et certainement moins informée que la vôtre. L'aspect important à mes yeux demeure que toute cette région reste dominée par le jeu des puissances extérieures. Suez représente une étape dans la succession des États-Unis à la France et à l'Angleterre comme puissance rayonnante, pour ne pas dire colonialiste, dans cette zone. Mais il ne faut pas oublier que, contrairement aux Français et aux Anglais, les Américains n'ont pas d'expérience réelle de ce territoire.

Les Israéliens se sont quant à eux trouvés mêlés à cette opération. Rien ne les obligeait, évidemment, à se laisser entraîner, mais peut-être s'agissait-il aussi pour eux de réagir face à l'insolence tonitruante de Nasser. Peut-être ont-ils considéré qu'il y avait là une menace à laquelle il fallait tenter de mettre fin. En tout état de cause, s'ils ont démontré leurs capacités face aux Égyptiens, le résultat fut nul : ils ont évacué le Sinaï aussi rapidement qu'ils l'avaient conquis.

Finalement, toute l'histoire du Proche-Orient depuis la fin de la Première Guerre mondiale est marquée par les puissances colonialistes, qui y jouent un rôle encore très important du fait de leur présence et surtout de leur influence. Lorsque la France était en désaccord avec l'Empire ottoman, il lui suffisait d'envoyer un bâtiment de la Marine occuper un quelconque territoire, puis de se retirer une fois qu'elle avait obtenu gain de cause.

Dans les esprits, cette époque n'est pas totalement révolue.

Si l'on fait l'effort de relire l'Histoire du point de vue des Israéliens, et notamment des sionistes, le plus frappant reste le débat permanent et intense entre ceux qui jugent prioritaire le dialogue avec les Arabes et ceux qui prônent davantage le dialogue avec les Britanniques, puissance toujours dominante dans la région. Ce débat n'a pas seulement lieu entre la droite et la gauche israéliennes, mais à l'intérieur même de la gauche et peut-être, en partie, du centre droit. Pourquoi les dirigeants sionistes décident-ils finalement de donner la préférence au dialogue avec les Britanniques ? Précisément parce que l'on n'est pas encore totalement sorti de l'influence des pays coloniaux, et aussi parce que les dirigeants n'ont pas saisi que la colonisation n'avait pas d'avenir.

Mais en décidant de s'adresser aux Occidentaux, les sionistes prennent le risque de donner aux Arabes l'impression qu'ils les méprisent ou, du moins, qu'ils estiment qu'un dialogue avec eux est impossible.

Il est difficile de critiquer un tel état de fait. On ne peut que prendre acte de ce qui s'est passé. Qu'aurions-nous fait à leur place ? Cette notion de puissance dominante existe aujourd'hui plus que jamais, quoique la puissance des États-Unis connaisse elle aussi ses limites...

ANTOINE SFEIR. – Je n'emploierais pas le terme de « mépris » israélien vis-à-vis des Arabes, car ce non-dialogue est perçu, ce qui est pire, comme de l'indifférence. On occulte les Arabes pour ne parler qu'avec les grandes puissances.

Israël a manqué d'esprit visionnaire. Nasser n'était pas ce parangon de l'antisionisme que certains avaient décrit. Sur la base du témoignage d'hommes qui l'ont connu, je crois sincèrement qu'il aurait été possible de faire avec lui la paix des braves. Et Nasser aurait convaincu tout le monde arabe. D'autant plus qu'à l'époque les discours bellicistes et belliqueux n'étaient pas aussi fréquents qu'ils le sont devenus ensuite.

THÉO KLEIN. – Vous me rappelez une anecdote liée toutefois à une période plus tardive. Au lendemain de la guerre des Six Jours, Jean Friedmann rencontre Pierre Mendès France et lui apprend qu'il doit déjeuner avec l'ambassadeur d'Israël. Mendès France lui glisse alors : « Dites à l'ambassadeur d'Israël de suggérer à Moshe Dayan de lancer un appel à Nasser. Nous nous sommes battus, mais faisons la paix. »

J'ai assisté à ce déjeuner. Friedmann a rapporté les propos de Mendès France à l'ambassadeur d'Israël, lequel a fait immédiatement un rapport à son ministre, qui à son tour a transmis l'information au chef du gouvernement. Lequel chef du gouvernement, en l'occurrence Levi Eshkol, plutôt que d'en parler à Dayan, fit lui-même une déclaration parue le lendemain dans la presse... en troisième page !

C'était une énorme erreur. Dayan s'adressant à Nasser, cela aurait eu un sens...

ANTOINE SFEIR. – Soyons sérieux : Nasser, à l'époque, ne sait pas ce qu'est le communisme. Il est un colonel de l'armée égyptienne qui a passé son temps au Sinaï et qui ressent uniquement la frustration que connaissent alors les Arabes. Lorsqu'il s'adresse aux Américains pour qu'ils l'aident à construire le barrage d'Assouan, les frères Dulles lui suggèrent fortement d'aller voir ailleurs. Dans la foulée, Suez apparaît comme une guerre mercantile, au profit de la Compagnie du canal de Suez.

C'est ce qui a été choquant. J'entends encore mon père se demander : « Mais qu'est-ce qu'Israël est allé faire là-dedans ? » Ce n'était pas sa guerre. Il s'agit là encore d'un rendez-vous manqué. Ben Gourion et Nasser étaient sur la même longueur d'onde. Certes, Nasser était arrogant, habitué aux rodomontades... mais c'était la phraséologie arabe de l'époque ! Et, d'ailleurs, cela n'a guère changé.

THÉO KLEIN. — J'ignore qui a pris l'initiative des premières conversations entre les représentants français, anglais et israéliens. Je ne sais pas ce que Ben Gourion attendait. Considérait-il qu'il ne pouvait pas leur refuser de « marcher » avec eux ? Je n'ai malheureusement pas de réponse à cette question.

Par ailleurs, ne pensez-vous pas que Nasser ait utilisé Israël pour mobiliser les Arabes autour de lui ?

ANTOINE SFEIR. — Il l'a fait ! Et, par la suite, tous les régimes arabes l'ont imité. Cette période est cruciale car c'est à ce moment précis que les relations entre les différents acteurs de la région s'organisent autour d'un axe net. Et même si, comme vous le dites, on ne peut pas refaire l'Histoire, il me semble important d'analyser les événements avec le recul que nous avons désormais.

Revenons à la question des États-Unis. Ils approchent la région une première fois en 1953, lorsqu'ils organisent le coup d'État contre Mossadegh, en Iran. Mais le Proche-Orient ne les intéresse pas encore vraiment ; c'est pour le pétrole qu'ils agissent.

Lorsque à la suite de la guerre des Six Jours – la « guerre de juin 1967 », dans le vocabulaire arabe – le général de Gaulle évoque au cours d'une fameuse conférence de presse « ce peuple d'élite, sûr de lui-même et dominateur[1] – entamant ainsi un virage à 180 degrés de la politique française, qui soudain n'est plus le soutien principal d'Israël –, les Américains ne font alors que s'installer et s'ancrer stratégiquement dans la région, pour la toute première fois...

THÉO KLEIN. – Je ne vois pas de position anti-israélienne dans la conférence de presse du général de Gaulle de novembre 1967. Son analyse est alors malheureusement exacte. Il a le sentiment que les Juifs ne sauront pas se maîtriser politiquement, qu'ils vont utiliser leur force pour aller plus loin et qu'ils seront par la suite – c'est ainsi que s'achève la conférence de presse – accusés de tous les maux.

La relecture de cette conférence, à bien des égards, est très intéressante. J'admets que ma propre relecture puisse être contestée, mais j'en tire des conclusions différentes de celles auxquelles j'étais arrivé à cette époque. Je l'avais alors trouvée extrêmement désagréable ; en réalité, le général de Gaulle ne disait rien d'autre de plus essentiel que : « Si Israël est attaqué, nous défendrons Israël. Si Israël attaque, nous critiquerons Israël. »

Il expliquait qu'il n'était pas dans l'intérêt d'Israël d'aller plus loin et qu'en agissant ainsi l'État hébreu risquait de tout gâcher. De nos jours, on ne peut pas relire cette conférence sans se demander si de Gaulle n'avait

---

1. *Cf.* annexe VI, p. 218.

pas une vision de l'avenir très éclairée – ce qu'il a du reste prouvé dans d'autres domaines.

ANTOINE SFEIR. – Il est vrai que, dans mon souvenir, nous n'avons tous retenu que l'expression « sûr de lui-même et dominateur »...

THÉO KLEIN. – Comme toujours chez le général de Gaulle, son discours recelait à la fois de la méchanceté et une vision. La méchanceté était certainement due au fait qu'il avait été plus qu'agacé par les manifestations juives au moment de la guerre des Six Jours, notamment par les jeunes qui avaient traversé les Champs-Élysées et la place de la Concorde en agitant des drapeaux israéliens. Cela lui avait beaucoup déplu.

Lorsqu'on analyse les propos d'un homme politique, il faut le faire dans le contexte global. Et, dans le cas présent, on ne peut pas être étonné du contenu de cette conférence.

Avant la guerre des Six Jours, le général de Gaulle avait rencontré le ministre Eban et lui avait dit : « N'attaquez pas, vous n'avez aucune raison de le faire et cela ne vous sera pas favorable. Répondez si vous êtes attaqués, mais n'attaquez pas vous-mêmes. »

Je reconnais que nous avons réagi un peu négativement, nous demandant pourquoi il adoptait cette position. En réalité, il voyait parfaitement la situation. Il voulait dire : « Vous avez atteint un seuil, n'essayez pas d'aller plus loin. Ne bougez plus. » Du moins, c'est ainsi que je le perçois aujourd'hui.

5

La guerre des Six Jours

THÉO KLEIN. – La guerre des Six Jours est tout à fait contradictoire. Au cours de l'avant-guerre, la communauté juive s'est trouvée prise d'une angoisse terrible : elle a découvert le lien qu'elle avait avec Israël, et les jeunes qui savaient à peine qu'ils étaient issus de familles juives ont été habités par un réel sentiment d'appartenance. Raymond Aron en est l'une des illustrations françaises les plus brillantes : il lui est tout d'un coup apparu que la disparition d'Israël serait pour lui un drame insurmontable.

À cette époque, j'étais responsable communautaire. Le Crif n'existait pratiquement plus que sur le papier, avec le même président depuis dix-neuf ans, le docteur Modiano. Ce surcroît de sentiment d'appartenance a entraîné la création d'une organisation, le Comité de coordination des organisations juives de France, dont le président était Guy de Rothschild, la personnalité la plus connue à l'époque, et dont j'étais le secrétaire général et animateur. Nous nous réunissions chaque jour rue de Téhéran, mais nous n'avions évidemment aucun rapport avec la réalité israélienne.

Puis la guerre a éclaté. Le 5 juin 1967, soit le matin même, nous devions partir en délégation pour Israël.

Arrivés à Orly, nous avons appris que l'aéroport de Tel-Aviv était fermé. Après quelques pérégrinations, nous avons débarqué à Athènes en fin de journée. Le lendemain matin, je me suis rendu à la délégation israélienne d'Athènes – il n'y avait pas de réelle représentation diplomatique, puisque la Grèce n'avait pas encore reconnu Israël.

J'ai été reçu par le représentant d'Israël, qui m'a montré des télégrammes : les forces israéliennes avaient abattu tant d'avions à tel endroit, tant à tel autre... Une liste interminable. Dans l'après-midi, nous avons enfin pu rejoindre Tel-Aviv, dans une obscurité quasi totale. Et, dès le lendemain matin, nous étions dans le Sinaï.

Je savais déjà quelque chose dont je n'avais pas totalement pris conscience. Deux ou trois mois plus tôt, je m'étais rendu en Israël et j'avais rencontré le général qui commandait l'aviation, avec qui j'étais très ami. Il m'avait montré des photos de terrains d'aviation égyptiens... En fait, ils savaient tout ! Sur le moment, je n'avais pas fait le lien avec la guerre qui s'est ensuite déroulée. Je ne l'ai fait que plus tard, notamment à travers le livre de Raymond Aron en réaction à la conférence de presse du général de Gaulle. Raymond Aron note qu'à cette époque l'aviation israélienne était persuadée de dominer la situation, alors que l'état-major israélien en était moins convaincu.

Je garde également en mémoire la manifestation devant l'ambassade d'Israël à Paris. Le rabbin Josy Eisenberg m'avait appelé pour me signaler qu'une manifestation silencieuse s'était déroulée dans un pays d'Amérique latine. Ayant retenu cette idée, j'avais décidé d'organiser une manifestation silencieuse avenue de Wagram. J'avais obtenu de Michel Simon – qui avait

tourné un film dans lequel il interprétait un vieil antisémite recueillant un enfant juif – qu'il participât à la
manifestation avec l'enfant ; j'avais donc tout fait pour
orchestrer son arrivée silencieuse vers l'ambassade
d'Israël. Finalement, cette manifestation fut tout sauf
silencieuse, et Michel Simon est arrivé avec l'enfant
dans un brouhaha terrible !

Pour moi, ce fut un échec. En Israël, de nombreuses personnes m'ont dit que ces voix de France les
avaient rassurées. Tout compte fait, si la manifestation
avait été silencieuse, son effet aurait été nul pour les
Israéliens !

ANTOINE SFEIR. – J'étais alors un étudiant de dix-neuf
ans. Tous les jeunes étaient soulevés par les discours
de Nasser. On nous interdit d'avoir notre territoire ?
Mais le détroit de Tiran nous appartient ! On le ferme
et on l'ouvre quand bon nous semble ! Nous avions
l'impression d'une revanche sur une fatalité de défaites
et d'humiliations.

Le deuxième jour de la guerre, nous nous sommes
dit que ça allait mal. Il fallait voir les communiqués
triomphants en provenance du Caire et de Syrie ! Notre
voisin de palier, qui était juif, nous disait qu'il ne fallait pas s'inquiéter, qu'Israël avait des ressources. Il
regrettait la guerre, mais il nous rassurait. Alors que
mon père, par exemple, était très inquiet. Je dois préciser que Nasser représentait tout ce dont la bourgeoisie
libanaise chrétienne avait horreur : le collectivisme, la
séquestration puis le rejet des Libanais d'Égypte...

Une autre impression m'est restée, qui m'a laissé un
goût amer : « Décidément, ils ne savent que mentir sur
toute la ligne. » Au bout de cinq jours, Nasser annonce

sa démission – sur laquelle il reviendra vite. Je me souviens de cette foule, à Beyrouth, se déversant de toutes
parts pour encercler le quartier juif. Tous les jeunes du
quartier, chrétiens, musulmans ou Juifs, se sont alors
mobilisés pour fermer le quartier à l'aide de pneus en
feu ! Mais cela ne fut pas vraiment utile : la police est
très vite arrivée et les manifestants ont été dispersés.

Par la suite, Nasser ne fera plus jamais de rodomontades. Au contraire, il jouera les médiateurs dans les
conflits interarabes, entre Jordaniens et Palestiniens en
1970, entre Palestiniens et Syriens...

Dernière image qui me reste : la puissance militaire
israélienne est avérée dans la région ; pas seulement
démontrée, ce qui était le cas depuis Suez, mais avérée.
Et Moshe Dayan est devenu le modèle honni.

THÉO KLEIN. – Le lendemain de mon arrivée en Israël,
nous avons rencontré un responsable de l'Agence juive.
Il nous a fait un exposé très sérieux pour nous expliquer que, dès l'annonce de la guerre, l'agence s'était
divisée en deux parties : une qui restait à Jérusalem
et une autre, autonome, basée à Tel-Aviv. Rappelons
au passage qu'au moment de l'indépendance les deux
villes avaient été coupées l'une de l'autre.

Nous nous sommes donc retrouvés face à un homme
qui nous racontait les préparatifs mis en œuvre pour
supporter une guerre telle que celle de 1948-1949, alors
qu'au même moment le Sinaï était déjà conquis ! Ce
fut une guerre éclair. Nous étions littéralement hors du
temps et de l'Histoire.

L'après-midi même, nous avons visité une base
aérienne près de Tel-Aviv. Son responsable nous a expli-

qué les opérations en cours et nous a parlé de la guerre en termes nettement plus réalistes que le matin.

Dès le jeudi matin, nous nous sommes rendus au mur des Lamentations, lieu inaccessible jusqu'alors, avec Teddy Kollek, maire de Jérusalem, Ben Gourion et Shimon Peres. Ben Gourion disait à Kollek qu'il fallait occuper le quartier juif de Jérusalem. Mais l'après-midi, je suis passé au domicile de Kollek et je crois me souvenir que, selon lui, Ben Gourion avait expliqué qu'il valait mieux ne pas rester dans les territoires.

Je me demande si les Israéliens, à cette époque, voulaient conquérir la Cisjordanie. En relisant certains textes, il apparaît que les Arabes étaient persuadés que le projet israélien consistait à s'emparer du territoire jusqu'au Jourdain. Peut-être était-ce le cas, mais je n'en suis pas persuadé.

Antoine Sfeir. – Au cours des années qui vont suivre, quelques intellectuels arabes, assez distants de l'événement, vont exposer une théorie : Israël n'a pas su quoi faire de cette victoire éclatante, rapide, incontestée. C'était le moment idéal pour effacer tout sentiment d'humiliation ou de frustration. Tout était permis aux Israéliens.

Les Arabes, surtout Nasser, ne savaient plus quoi faire de la défaite. C'était une humiliation terrible pour eux, particulièrement pour Hussein de Jordanie, qui avait perdu sa ville – je rappelle qu'Hussein était l'ancien chérif de La Mecque – et la Cisjordanie. Dès le lendemain de la guerre, les liens entre Hussein et Rabin vont se nouer. À la mort d'Yitzhak Rabin, Hussein dira lui-même : « J'ai perdu un ami. »

THÉO KLEIN. – Sans les trois « non » de Khartoum – non-reconnaissance, non-réconciliation et non-négociation avec Israël, prononcées lors de la réunion des chefs d'État arabes –, les choses se seraient sans doute passées différemment.

ANTOINE SFEIR. – La vieille bourgeoisie chrétienne libanaise avait elle-même peur d'être écrasée. Cela permet d'en venir à un point très important, sinon fondamental. Dès lors que les sionistes ashkénazes étaient arrivés sur le territoire, la vocation de l'État d'Israël n'était-elle pas de devenir le protecteur naturel de toutes les minorités ethniques et religieuses de la région ? Gageons que oui. Israël ne peut pas se permettre d'être un État comme les autres. Une de ses spécificités est précisément d'être défini par une sorte de mission, de déontologie messianique.

Face au grand nombre de sunnites présents de l'Arabie Saoudite à la Syrie, Israël est entouré d'une multitude pluriculturelle, pluriconfessionnelle et pluricommunautaire. Étant doté d'une réelle puissance militaire, l'État hébreu ne doit-il pas devenir le protecteur naturel de ces minorités ? C'est là que réside son devenir. Les puissances mandataires ne s'y étaient d'ailleurs pas trompées, qui avaient confié le pouvoir aux minorités, précisément plus retenues et plus sages.

THÉO KLEIN. – Vous posez là une question qui me préoccupe beaucoup. Israël n'est-il pas, d'une certaine manière, victime de son affiliation apparente au colonialisme ? Il me semble qu'une des tares d'Israël est d'apparaître aux yeux des Arabes comme l'un des derniers éléments du colonialisme dans la région.

ANTOINE SFEIR. – Nous en revenons au conflit au sein du sionisme. Fallait-il traiter directement avec les Arabes ou passer par les colonialistes ?

THÉO KLEIN. – La position prise à l'époque est très déterminante. Et je crois que les erreurs qui ont pu être commises du côté israélien ont renforcé l'idée qu'Israël était un avant-poste colonialiste dans la région.

ANTOINE SFEIR. – C'est exact. Il n'empêche qu'étant donné ce qu'ont vécu les pères fondateurs de l'État et les sionistes, il aurait été normal de les entendre dire, au sujet des communautés minoritaires de la région, qu'elles soient ethniques ou religieuses : « Attention, il y a des limites dont nous ne pourrons pas accepter qu'elles soient dépassées. » Il ne s'agit pas de politique, mais de morale.

N'oublions pas que le Proche-Orient ne couvre qu'une surface réduite. Quelque 180 kilomètres séparent Beyrouth de Jérusalem et il n'y en a que 90 entre Beyrouth et Damas. Lorsqu'un avion israélien décolle, le temps de prendre de l'altitude, il est déjà en dehors d'Israël.

Je ne sais plus qui disait qu'entre la technologie israélienne, le savoir-faire palestinien, la profondeur territoriale jordanienne, l'infrastructure industrielle syrienne et la débrouillardise des Libanais dans le domaine des services, cette toute petite région pourrait devenir puissante et faire peur au monde. D'autant qu'elle relie l'Asie Mineure à l'Afrique.

THÉO KLEIN. – Ce pourrait être une région déterminante, un nouveau centre du monde, je le crois aussi.

ANTOINE SFEIR. – Et un nouveau centre du monde intelligent, pas uniquement mercantile ! Six mille ans d'Histoire, l'invention de l'alphabet, la construction du Temple par des architectes et avec les matériaux de la région... Les connexions et les interférences sont extraordinaires.

THÉO KLEIN. – À ce titre, Israël inquiète ses voisins parce qu'il « importe » une population formée en dehors de cette région, en partie marquée par les habitudes, les mœurs et les langues européennes.

Il me semble que ce qui manque à cette région, c'est l'Histoire. Depuis deux mille ans, les Juifs n'agissaient plus dans l'histoire du monde. Ils étaient en dehors, plus ou moins victimes d'événements sur lesquels ils n'avaient pas de prise positive. Et, tout d'un coup, ils agissent, mais militairement. Il leur manque des éléments permettant de se placer dans une perspective autre que celle de l'affrontement militaire. Ils ne savent vraiment pas quoi faire de leur territoire.

Heureusement, le général Dayan, qui est un homme de la région, un Palestinien, prédomine quelque temps et tente de gérer la situation d'une manière positive. C'est l'époque de la fameuse politique des « portes ouvertes ». Les jeunes Arabes qui veulent aller étudier en Égypte ou ailleurs le peuvent ; on essaie de favoriser de nouvelles municipalités, c'est-à-dire une vie collective palestinienne, dans les territoires...

Il me semble que Dayan est l'un des seuls Israéliens qui aient su comment réagir. Au fond, ma relation avec lui est assez éclairante, dans la mesure où elle a une signification plus large. Pour moi, Dayan était un général victorieux. Or, *a priori*, je n'aime pas vraiment les généraux victorieux.

J'ai été amené à m'occuper d'un problème de Mirage commandés à la France. Ils avaient été payés par Israël, mais la France ne les avait pas livrés. J'étais donc en rapport avec le directeur juridique du ministère de la Défense. En Israël, je déjeunais souvent avec lui, et Dayan se trouvait régulièrement à une autre table du même restaurant. Le directeur juridique, qui était un ami, m'a plusieurs fois proposé de me présenter à Dayan. Cela ne m'intéressait pas.

Un beau jour, une amie de Mme Dayan est venue me dire que le général voudrait me rencontrer. C'était en 1973-1974, après la guerre de Kippour. Il n'était plus ministre. Je rencontre donc Dayan, qui voulait que je lui explique quel rapport les Juifs français, qui ne connaissent pas l'hébreu et ne sont pas particulièrement religieux, entretiennent avec cette terre qui, lui, l'a vu naître.

Par la suite, nous sommes devenus très amis et j'ai peu à peu compris l'importance qu'il attachait au fait d'être de la région. Plus d'une fois, il a indirectement fait allusion à Shimon Peres en me disant : « Regarde mes mains. Moi, je suis un cultivateur, j'ai touché la terre. » Cela m'a aidé à comprendre le clivage qu'il y a entre les Israéliens devenus des Palestiniens et ceux qui ne sont pas intégrés. Les Juifs d'Israël doivent faire un effort pour se reconnaître comme les cousins des Arabes. Or c'est là que réside la solution. Ces deux peuples ont des racines régionales, ils ont marqué cette région. Pour trouver une solution de survie entre eux, ils doivent se reconnaître comme de proches parents partageant une Histoire commune.

ANTOINE SFEIR. – Une rupture survient en 1967. À partir de cette date, les Juifs de la région quittent leur pays – pas nécessairement pour rejoindre Israël, puisque certains vont gagner l'Europe ou l'Amérique. Il s'agit d'un exil volontaire ; ils repartent en errance de leur plein gré. Et cet exil volontaire souligne le manque de démocratie des pays qu'ils quittent. Le Liban, la Syrie, l'Irak, l'Égypte, les pays d'Afrique du Nord n'ont pas su fabriquer des citoyens.

Vous dites qu'une partie des Israéliens s'est découverte palestinienne et qu'une autre partie est restée juive. Ici, c'est la même chose. En 1967, la rupture s'opère précisément à l'encontre de la nationalité. Et le refuge se fait naturellement dans la religion. Les Juifs arabes n'ont pas pu être citoyens. Lorsqu'ils ont vu que l'islam prenait d'une manière draconienne le pas sur la nationalité, ils ont préféré l'exil. L'échec de nos pays est de ne pas en avoir fait des citoyens. D'ailleurs, aucun des ressortissants de ces pays ne se sent réellement citoyen. Et c'est pour cela que l'islamisme a connu un tel succès.

THÉO KLEIN. – C'est effectivement l'un des problèmes de la région. Malheureusement, plusieurs problèmes se chevauchent. En tant que Juif, je ressens notre difficulté à donner un fondement réel, profond à notre désir de retour dans ce pays. Si nous avons des liens avec lui, nous devons accepter que ces liens soient ceux de notre origine, et donc que nous ne sommes pas des Européens, mais un peuple du Levant qui s'est trouvé exilé loin de sa terre.

Après tant de siècles, il est très difficile de se retourner vers son origine. Personnellement, je peux me dire juif à 100 %, bien que je ne puisse pas sortir de ma condition de Français. J'ai été élevé en France, le français est ma langue naturelle et je cite plus volontiers Voltaire ou La Fontaine que des textes hébraïques – encore que je les connaisse plutôt bien et que je les cite assez souvent. Je suis marqué par l'Europe et par la France. Or, si je veux être israélien, je dois faire l'effort de me souvenir de mon origine lointaine, puisqu'elle est la seule qui puisse justifier ma présence permanente en Israël.

En tant que touriste, je peux aller en Israël et revendiquer le droit d'y retrouver des lieux anciens, mais si je veux être israélien, je dois accepter le fait de retourner à mon origine régionale, de me sentir proche des Arabes qui vivent là-bas, de la civilisation de cette région, tout en essayant de la réintégrer par un effort de réflexion. Et rien de tout cela n'est simple.

Une autre difficulté s'ajoute, à laquelle je n'ai pas toujours été sensible, puisque ma famille se trouve sur le territoire français depuis six ou sept générations. Beaucoup de Juifs s'étant retrouvés dans différents pays au fil des décennies, je pense qu'un sioniste ou qu'un Juif israélien d'extrême droite – qui revendique donc les deux côtés du Jourdain – se dit à propos de la population palestinienne des territoires : « Nous sommes allés en Pologne, aux États-Unis, au Canada, en France, en Angleterre... Quel est le problème ? Les pays arabes sont vastes ! C'est même plus facile pour nous que lorsque nous étions dans des pays qui n'étaient pas juifs ! »

N'ayant pas d'enracinement, pour des raisons imputables à l'Histoire, l'attachement à la terre est une théorie que nous ne sommes pas parvenus à comprendre.

Et, de fait, nous ne nous sommes pas posé la question des populations autochtones.

De ces deux éléments ressort le fait que nous n'avons pas réussi à penser nos problèmes en les replaçant dans un champ, dans une mémoire historiques. Et la politique est aussi, finalement, une manière de traiter l'Histoire.

ANTOINE SFEIR. – Aujourd'hui, il faut oser dire – ce que je fais souvent par provocation – qu'Israël est un pays arabe.

THÉO KLEIN. – Dites « sémite » à la place d'« arabe », cela facilitera les choses !

ANTOINE SFEIR. – Bien entendu, « sémite » passe très bien. Cela permet d'enlever la connotation musulmane du mot « arabe ». Ce que, en tant que chrétien d'Orient, je m'évertue à faire. Il faut ôter la connotation musulmane du concept d'arabité. Il y a des Juifs arabes. Qu'est-ce qu'un Juif irakien ou un Juif libanais, sinon un Juif arabe ? Non seulement il est important de le dire, mais il est temps que les Israéliens le revendiquent.

THÉO KLEIN. – Et cela ne concerne pas seulement l'Orient. Il en va de même en Afrique du Nord. Je me souviens de quelques vieux Juifs arabes qui se sont retrouvés en France après la guerre d'Algérie, venus du sud de leur pays. Ils ne se sentaient pas du tout chez eux en France et étaient très mal à l'aise. Ceux qui habitaient Alger ou dans les grandes villes se sont plus facilement habitués à la vie dans l'Hexagone, mais quelque chose leur manque tout de même.

Le problème d'Israël est que lorsqu'on essaie de penser la situation en termes globaux, tout se révèle très différent de la situation sur le terrain, fondée sur les rapports de force. Et la difficulté réside justement dans la prédominance de l'aspect militaire. Tout cela est très paradoxal.

Ehud Olmert aurait dit qu'Israël doit se rendre compte que ses amis dans le monde n'envisagent que la frontière de 1967 et Jérusalem coupée en deux. Je souligne que c'est donc un homme de droite qui aurait dit cela. Mais, en face, le président du parti socialiste et le ministre de la Défense ne s'expriment qu'en termes militaires. Et la situation est telle que si les termes militaires sont les seuls de nature à rassurer les Israéliens, ce sont aussi ceux qui bloquent toute solution politique.

ANTOINE SFEIR. – Ce que vous dites est fondamental. Tant que la Palestine, la Cisjordanie et Israël auront cette approche exclusivement sécuritaire – aujourd'hui renforcée dans tous les pays arabes par l'attitude des Américains en Irak –, aucune solution politique ne pourra être trouvée, puisque la solution politique serait précisément d'admettre que l'aspect sécuritaire est second.

THÉO KLEIN. – La seule solution assurant une sécurité militaire réelle résiderait dans une coopération entre Israéliens et Palestiniens, dans un cadre régional commun qui pourrait s'étendre à la Jordanie installée sur une partie du territoire palestinien. À partir d'une telle coopération, la sécurité se trouverait renforcée.

Antoine Sfeir. – Mais ce serait aller contre le cours des événements, qui conduit précisément à la résurgence des États communautaristes...

Théo Klein. – Certes, mais il existe des solutions ! Ben Gourion lui-même acceptait l'idée d'une insertion de l'État juif dans un ensemble plus vaste et majoritairement arabe.

Antoine Sfeir. – Vous avez dit « arabe », et non « musulman ». Cela signifie que toutes les minorités – alaouites, kurdes, chrétiennes, chiites... – doivent être représentées dans ce grand ensemble ; et ce, précisément, pour qu'il n'y ait pas d'un côté une minorité juive et de l'autre une immense majorité sunnite.

Faisons un rapide calcul. Le monde arabe compte aujourd'hui entre 15 et 16 millions de chrétiens. Les Alaouites sont 2 millions. Avec les 7 millions de Juifs, on arrive à près de 25 millions de personnes. En comptant les autres minorités, face à 120 ou 130 millions de sunnites, cela peut se jouer.

Théo Klein. – Il me semble que l'unité géographique de la Palestine comprend, outre l'actuel territoire palestinien, Israël et la Jordanie. C'est un ensemble.

Antoine Sfeir. – En ce cas, pourquoi ne pas inclure le Liban et la Syrie ? Ce serait une solution régionale. Et peut-être cette solution régionale serait-elle de nature à résoudre les problèmes locaux.

Votre idée me semble intéressante. Aujourd'hui, chaque ethnie, chaque religion cherche à se renfermer sur elle-même. Toutes les minorités du Levant – juive, chrétienne, kurde, alaouite, etc. – ont de nouveau peur. Fondues dans le grand ensemble que nous venons de décrire, elles seraient si nombreuses qu'elles ne pourraient qu'exister. Mais pour que cette coexistence fonctionne, elle doit se muer en ce qu'a été le Liban : une réelle volonté de vivre ensemble.

THÉO KLEIN. – Il existe un mot pour cela : la laïcité, le fait que chacun soit libre d'adhérer à sa propre religion, sachant que l'appartenance commune dépasse ladite religion.

ANTOINE SFEIR. – Je parlerais même de citoyenneté, à laquelle on ne peut aboutir que par l'accès de tous à l'enseignement. C'est ce que disait Moshe Dayan : permettre aux gens d'accéder à l'enseignement, au savoir, à la connaissance, est le seul moyen de les intégrer.

THÉO KLEIN. – Et ce n'est pas révolutionnaire, puisqu'il s'agit de revenir à l'essentiel. Finalement, ce qui divise unit. Nous sommes divisés par le fait que trois religions différentes dominent la région. Mais ces trois religions ont un élément commun : elles adorent un seul Dieu qu'elles considèrent comme le Créateur.

Peut-être faudrait-il faire l'effort de revenir au départ. S'il y a un seul Créateur, il y a donc une unité. Il existe différentes formes d'accès à cette divinité, mais si l'on admet qu'elle est unique, on peut rejoindre la laïcité. Il y a quelque part quelque chose d'unique et, au sein de cette unité, il y a des diversités.

ANTOINE SFEIR. – Dieu n'a pas créé ses enfants comme des clones. Il les a créés différents. Il faut simplement l'admettre.

THÉO KLEIN. – À mon sens, l'idée de la république et celle de l'Éternel coïncident totalement. Quoique je ne sois pas religieux, je suis confronté au fait que je suis né et que je vais mourir, comme tous ceux qui m'entourent. Dans ce phénomène particulier, le seul élément qui perdure est quelque chose que je n'arrive pas à me figurer. Que je l'appelle Dieu ou de n'importe quelle autre façon, c'est la seule idée qui me relie aux autres. Notre sort est absolument le même, nous sommes tous appelés à naître et à mourir, et l'idée de l'Éternel tient à cela : quelque chose qui est différent de la créature et qui perdure. Ce discours est finalement celui de l'unité et de la reconnaissance de l'autre.

En outre, je ne peux pas échapper au fait que chaque personne que je rencontre est caractérisée par un nombre de traits qui sont exactement ceux qui me caractérisent moi-même. Les hommes sont principalement semblables. La différence entre moi et quelqu'un d'autre est infime.

ANTOINE SFEIR. – Ce discours risque de mal passer auprès de certains, par exemple ceux qui ont une lecture littéraliste et rétrograde du Coran, parce qu'ils n'ont pas eu accès au savoir.

Une anecdote. Dans la montagne libanaise, un paysan envoie son fils à l'école. Le fils revient un soir avec son bulletin scolaire : il doit redoubler. Le paysan est outré. « Comment ? Tous les soirs, j'apprends de mon fils ce que lui-même a appris à l'école ! » Il va se plaindre au directeur qui lui répond que son fils est nul. Pour preuve, il ne sait même pas que le Christ est mort. Et le paysan rétorque : « Quoi ? Le Christ est mort ? Mais on ne savait même pas qu'il était malade ! » Tout cela pour dire qu'avant d'arriver à la laïcité il faut passer par l'enseignement.

Plutôt que de vouloir réinventer le droit et le devoir d'ingérence – qui ne sont rien d'autre qu'une forme de néocolonialisme déguisé avec les habits du XXIᵉ siècle –, les grandes puissances devraient construire des écoles, des lycées et prendre en charge, contre les dictateurs, cet enseignement.

En 1975, à Beyrouth, il y avait deux mille étudiants à l'université de Saint-Joseph. Aujourd'hui, ils sont douze mille, dont 31 % de musulmans. C'est merveilleux ! Lorsque j'entends une étudiante chiite dire au recteur, devant sa mère voilée : « Vous nous avez permis de vivre sur un îlot de liberté, vous nous avez appris le doute », alors je me dis que le but est atteint.

THÉO KLEIN. – Le problème est trop simple pour être vraiment résolu. Les hommes doivent accepter de se mettre les uns en face des autres pour mesurer ce qu'ils ont de commun, c'est-à-dire la plupart des aspects qui les caractérisent. Le point de départ est le même pour tous, même si, par la suite, les choses changent en fonction de l'éducation reçue. Cela permet de comprendre qu'il faut faire en sorte que chacun puisse recevoir la même éducation et favoriser une même ouverture d'esprit.

ANTOINE SFEIR. – En même temps, je suis effrayé par le radicalisme religieux qui s'empare d'une partie de la société israélienne. Je me souviens d'un reportage réalisé par la télévision française au lendemain du désengagement unilatéral de Gaza. Le journaliste interrogeait un ancien colon de Gaza et un habitant de Haïfa. Les deux portaient la kippa. Celui de Haïfa disait que si la paix passait par la restitution des territoires, cela en valait la peine. Celui de Gaza lui a aussitôt arraché la kippa et lui a dit : « Tu ne peux pas être juif pour parler ainsi. »

En novembre 2006, j'ai raconté cette histoire à un professeur de Talmud à l'Université hébraïque de Jérusalem. Il m'a répondu : « Ce n'est pas la kippa qu'il aurait dû lui enlever, c'est la tête. » J'en suis resté sans voix. Autant j'aurais pu m'attendre à ce genre de propos venant d'un membre du Hezbollah ou du Hamas, autant, de cet Israélien, cela m'a littéralement choqué.

THÉO KLEIN. – Il est vrai que la religion sous-entend une prise de pouvoir. La croyance en Dieu est un acte individuel, le sentiment que peut avoir l'humain de quelque chose qui le dépasse. Mais la religion est l'outil d'organisation et souvent de mobilisation de la foi des individus. Et qui dit organisation dit règlement. Et qui dit mobilisation exige l'unité de vue.

ANTOINE SFEIR. – C'est une pleine contradiction. La religion, comme son nom l'indique, devrait relier. Mais plus rien ne relie dans la religion. Au contraire, tout délie entre religions.

Le problème vient de l'amalgame entre religion et foi. J'ai du respect pour chaque croyant et ma foi s'arrête là, c'est tout. Ma liberté s'accompagne de la responsabilité de l'autre.

Théo Klein. – Vous êtes donc croyant et non pas religieux. Je le répète : la religion est une organisation et, de fait, un pouvoir. Tout commence là.

Antoine Sfeir. – Je ne suis pas religieux parce que j'ai étudié les religions. L'histoire de l'Église catholique est un chapelet de massacres ; mais aucun grain de ce chapelet ne se retrouve dans les textes, et je ne le sais que parce que j'ai étudié.

La première partie de la prédication islamique, qui s'arrête en 622, fixe l'organisation de la religion. Les différences dogmatiques qui peuvent exister à son sujet s'expliquent et se comprennent – je dirais même qu'elles sont normales. Mais cette prédication est dans la droite ligne des Écritures, elle dit exactement ce qu'il faut pour être un bon musulman, définit la pratique et les piliers de l'islam. Tout le reste, à partir de Médine en 622, me semble être du rajout. À partir de là, dans ma foi, je m'attache aux textes. Et c'est en ce sens que je pense qu'il ne faut pas laisser uniquement les hommes d'Église organiser l'illustration d'un pouvoir temporel.

Mais nous avons fortement digressé. Pour revenir au conflit israélo-arabe, je dirais que la nature de la guerre a changé en 1973 : les Égyptiens, et accessoirement les Syriens, ont attaqué. Pourquoi l'ont-ils fait ? Pour laver les humiliations de 1967 d'une part, et parce que Sadate a remplacé Nasser d'autre part.

Théo Klein. – Il y a eu des tentatives d'ouverture avant la guerre de Kippour. À titre d'exemple, je me souviens du témoignage d'un Israélien qui, en voyage à Paris, a été approché par Henri Curiel. Ce dernier lui fait savoir que Sadate est intéressé par des contacts

avec Israël. De retour à Tel-Aviv, l'Israélien en question délivre le message au ministre Ygal Allon ; puis il
est contacté par le chef des services secrets israéliens,
lequel lui fait clairement comprendre qu'au prochain
contact de ce genre il sera arrêté... Je sais aussi qu'avant
Septembre noir, Nahum Goldmann a informé Golda
Meir qu'il était invité en Égypte et qu'elle l'a impéra-
tivement sommé de ne pas s'y rendre.

Il semble y avoir alors une volonté d'ouverture du
côté de Sadate, à laquelle les Israéliens ne répondent
pas. De même, entre la guerre des Six Jours et la guerre
de Kippour, Dayan a proposé au gouvernement de
Golda Meir le retrait partiel des troupes israéliennes
sur les cols du Sinaï, afin de libérer le canal de Suez
et de provoquer ainsi une pression internationale pour
sa réouverture. Golda Meir lui a demandé ce qu'ils
obtiendraient en retour de la part des Égyptiens. Dans
l'idée de Dayan, il ne s'agissait pas d'échanger, mais de
créer une nouvelle situation, à l'avantage d'Israël. Mais
Golda Meir n'a pas vu cet aspect des choses.

Je perçois cela comme une sorte d'incapacité à penser
politiquement les problèmes, qui ne sont plus abordés
que sous l'angle de l'affrontement, donc sous l'angle
militaire. En l'occurrence, l'aspect militaire n'a même
pas été sérieusement traité, puisqu'il valait sans doute
mieux se poster sur les collines plutôt que sur le canal.
En 1973, cela aurait permis de réagir à temps.

ANTOINE SFEIR. – Vous parliez de Septembre noir.
Permettez-moi de rappeler brièvement les faits. En
septembre 1970, Arafat appelle au renversement de la
monarchie jordanienne ; le roi Hussein, en réaction,
envoie son armée dans les camps de réfugiés, faisant

massacrer des milliers de Palestiniens. Je commençais alors ma modeste carrière de journaliste et j'ai vu de mes propres yeux des Palestiniens traverser le Jourdain pour se réfugier en Israël !

THÉO KLEIN. – L'un de mes associés a fait sa période de réserve dans un fortin de la frontière israélienne. Il se souvient d'avoir vu apparaître un jour un Palestinien qui demandait refuge. Bien évidemment, ils lui ont ouvert les portes.

ANTOINE SFEIR. – Septembre noir marque une vraie rupture dans le monde arabe. Soudainement, les Palestiniens ne sont plus intouchables. Un régime leur pose des limites et, parallèlement, malgré les communiqués, aucun pays arabe ne réagit.

THÉO KLEIN. – Je me demande si, à cette époque, l'unité palestinienne existe déjà dans les esprits. De mémoire, les revendications pour une grande nation arabe étaient plus importantes, plus fortes que celles pour la Palestine. La solidarité palestinienne n'était pas évidente. Et de part et d'autre du Jourdain, les réfugiés étaient parqués dans des camps.

Pour les Juifs, qui ont toujours accueilli leurs coreligionnaires d'où qu'ils viennent, c'est quelque chose d'incompréhensible. Même si les Juifs français n'ont pas été particulièrement heureux de l'arrivée des Juifs polonais, qui étaient nationalistes et, souvent, communistes, ils les ont toutefois accueillis et les ont intégrés le plus vite possible. Alors que, dans le cas présent, les Palestiniens ne sont pas intégrés dans leur propre territoire.

ANTOINE SFEIR. – Parce que l'appartenance prédomi-
nante est l'appartenance au mouvement. Chaque pays
arabe a « son » mouvement au sein de l'OLP, et chacun
essaie de gagner une partie de la résistance palestinienne. Cela explique précisément qu'il n'y ait pas
d'unité. La loyauté va au mouvement beaucoup plus
qu'à la cause palestinienne elle-même.

La mort de Nasser va plus ou moins mettre fin à la
notion de grande nation arabe dont vous parliez. Sadate
a un héritage à assumer et doit se méfier des nassériens.
Sur le plan interne, la politique de Sadate va être un
échec total. Il s'occupe bien plus des relations avec
l'étranger. En 1972, il met les conseillers soviétiques à
la porte. En 1973, il se moque totalement du massacre
des Syriens sur le Golan. En 1974, il participe aux
négociations du Kilomètre 101. Puis il introduit progressivement un nouvel acteur parmi les grandes puissances dans la région : les États-Unis, qui vont, pour la
première fois, devenir l'interlocuteur incontournable,
sinon unique, de tous les belligérants.

En 1974 toujours, les Syriens gèlent leur participation
aux négociations. Sadate ne s'occupe plus de la cause
palestinienne. En revanche, il cherche à sortir l'Égypte
de l'isolement. Et lorsque la guerre du Liban débute,
la seule chose importante qu'il dise est : « Levez vos
mains du Liban. » Ainsi, il prouve que ce n'est pas une
guerre civile. Tous ces événements se déroulent dans
une région où conflits et initiatives se succèdent.

Alors que Sadate se rend à Jérusalem et que les
accords de Camp David sont signés, tout le monde pense
que l'Égypte est au ban du monde arabe. Personne ne
se rend compte qu'en réalité, c'est l'initiative de Sadate

qui met le monde arabe au ban de la communauté internationale.

Théo Klein. – Quand Sadate a-t-il essayé d'ouvrir
des pourparlers ? Je n'ai pas de réponse exacte. Mais
du côté de Begin, chef du gouvernement israélien, la
tentation était grande de régler l'affaire du Sinaï pour
que l'Égypte se désengage des territoires occupés. Cet
aspect semble important. Au même titre que la proposition de Dayan lorsque, en décembre 1980, il suggère
d'évacuer les territoires et d'en remettre l'administration aux Palestiniens, tout en gardant des troupes dans
la vallée du Jourdain. Cela amorçait une solution.

La théorie militaire de Dayan me semble d'ailleurs
supérieure à celle d'aujourd'hui, fondée sur l'idée
qu'un retrait des territoires permettrait au Hamas de
prendre le pouvoir. Or, l'insécurité provient en grande
partie de la présence des Israéliens dans les territoires.
La présence d'un soldat israélien, à l'évidence, est en
elle-même une provocation pour les Palestiniens... à
laquelle ils répondent. Les Israéliens comprennent très
bien la nécessité d'un État palestinien, mais ils pensent
– et je crois qu'ils ont profondément tort – que s'ils ne
contrôlent pas directement les choses, ils courent un
trop grand danger.

Antoine Sfeir. – Ils n'ont pas confiance dans les dirigeants arabes et ne se rendent pas compte que le Hamas
a justement bâti sa notoriété sur la présence d'Israéliens
à l'intérieur des territoires – ainsi que sur la corruption
et la gabegie dans les dictatures arabes. Je ne suis pas
certain que le Hamas entraîne l'adhésion de la majorité des Palestiniens à ses thèses. Loin de là. Sinon, les

Palestiniens auraient depuis longtemps basculé dans l'extrémisme, le fondamentalisme et l'islamisme.

THÉO KLEIN. – C'est d'autant plus ridicule que lorsqu'on a récemment demandé aux Arabes israéliens s'ils choisiraient d'être palestiniens ou de rester israéliens, plus de 60 % des personnes interrogées ont déclaré qu'elles préféraient rester israéliennes. Il faut parier sur le fait que la plupart des Palestiniens préféreraient vivre dans un contexte tel que celui d'Israël plutôt que dans le contexte du Hamas. Et il faut leur offrir cette possibilité, ce qui sous-entend le retrait des forces israéliennes.

ANTOINE SFEIR. – Il faut redonner un destin aux Palestiniens. Quel est l'avenir d'un jeune Palestinien qui sort de l'université avec un diplôme de médecine ? Peut-il gagner sa vie en restant sur place ? Peut-il partir ? Son destin paraît scellé. Pourquoi de jeunes avocates, qui ont déjà remporté une bataille à l'intérieur de leur famille, face à une société et à une tradition qui veut qu'on les marie avant vingt ans, deviennent-elles kamikazes ?

THÉO KLEIN. – Je suis persuadé que la confiance est toujours supérieure à la méfiance. On ne bâtit rien sur la méfiance.

Israël a la chance de posséder une population à 20 % arabe. Il faut utiliser les Arabes israéliens pour parler avec les Arabes palestiniens. Ils se trouvent dans des situations politiquement et matériellement différentes, mais ils sont frères. Or, les Israéliens ne font même pas suffisamment confiance aux Arabes israéliens. Alors même que certains de leurs concitoyens pourraient être des intermédiaires, ils les mettent de côté. De mon point de vue, c'est totalement incompréhensible.

ANTOINE SFEIR. – Une fois de plus, nous sommes dans une situation de repli communautaire.

En Jordanie, la route principale à la sortie de l'aéroport est bordée d'affiches annonçant « La Jordanie d'abord ! » et toutes sortes de slogans qui ne sont pas sans rappeler certaines thèses d'extrême droite des années 1930 en Europe.

Faites aujourd'hui un référendum en Syrie ou au Liban sur la possibilité de donner la nationalité syrienne ou libanaise aux réfugiés palestiniens qui se trouvent sur place. Toutes confessions confondues, vous n'obtiendrez pas 10 % de réponses positives.

Le renfermement est à la fois communautaire et national. Et au sein du renfermement communautaire, la religion joue, hélas ! un rôle fondamental.

THÉO KLEIN. – On peut se demander si le rêve sioniste profond n'est pas celui d'un État où ne vivraient que des Juifs, une sorte de ghetto national où l'on se reposerait enfin de plus de deux mille ans de tracas. On se disputerait, bien entendu, parce qu'on se dispute toujours mieux en famille, mais on serait entre nous. C'est un rêve totalement fou, et même très dangereux, un repli considérable qui serait très rapidement rejeté par les Juifs eux-mêmes. Mais cela existe.

ANTOINE SFEIR. – Non seulement ce rêve existe, mais il est contagieux. Si vous annoncez aux Libanais chrétiens qu'il ne va plus y avoir de mosquées dans leurs

montagnes, ils sonneront les cloches ! Si vous dites
aux druzes qu'ils bénéficieront de leur propre entité,
ils vous dresseront immédiatement des statues ! Cet
aspect m'effraie.

THÉO KLEIN. – Nous sommes d'accord. Je comprends
très bien ce sentiment. Dans ma jeunesse, j'ai connu
une vie de famille très close : le vendredi soir, en
hiver, après le repas familial, les chants en commun, le
noyau familial dans ce qu'il a de plus chaud et de plus
agréable... Mais si ce modèle fonctionne au niveau de
la famille, ce n'est plus possible au-delà.

En outre, on ne peut pas vivre à l'époque d'un marché
mondial doté de moyens de communication qui vous
permettent d'aller d'un bout de la planète à l'autre en
quelques heures, et vouloir dans le même temps se
renfermer sur des entités. La mondialisation, parmi
d'autres événements, explique peut-être cette peur et
ce repli. La Shoah aussi, en partie.

6

Religions et religieux

ANTOINE SFEIR. – En 1928, les Frères musulmans voient le jour en Égypte, tout d'abord en réaction au dépècement de l'*oumma*, puis contre les infidèles, c'est-à-dire les étrangers. Tout le monde a pensé – moi le premier – que les étrangers en question étaient les Anglais. Mais c'est oublier que le vice-roi d'Égypte, devenu roi après l'effondrement de l'Empire ottoman, était d'origine albano-macédonienne.

Les Albano-Macédoniens, même convertis à l'islam, sont des étrangers. Pour preuve : lors de la guerre du Kosovo en 1995, une manifestation de solidarité avec les Albanais et les Kosovars avait lieu chaque vendredi sur la place Taksim d'Istanbul, alors qu'en trois ans il n'y eut pas la moindre manifestation de solidarité dans une seule capitale arabe. Et ce, parce que les Albanais et les Macédoniens ont été les vecteurs de la pénétration de l'Empire ottoman dans les provinces arabes, ce que l'on oublie souvent.

Donc, les Frères musulmans ciblent la monarchie égyptienne. Lors de sa chute, ils s'allieront avec les officiers libres. C'est Nasser qui les fera mettre en prison – et non pas Sadate, que l'on célèbre aujourd'hui pour avoir œuvré dans l'intérêt de la paix, mais qui, vu de l'intérieur, a été catastrophique pour son peuple, ce que l'on oublie aussi.

De 1936 à 1938, les Frères musulmans sont à Jérusalem, à Amman, à Damas et à Beyrouth. Ils traversent la Méditerranée vers le Maghreb dans les années 1940, alors que la France est en Afrique du Nord, et créent des « filières » dans le Sud tunisien, le Sud algérien et le Sud marocain, avec un nouveau slogan : « L'Occident a droit à son islam. »

THÉO KLEIN. – Ces régions sont marquées, dans leur ensemble, par l'éclatement du colonialisme. Le Maroc possède un roi, une autorité ; en Tunisie, cette dernière est un peu plus faible, mais un homme fort va très rapidement intervenir pour faire bouger le pays. Ailleurs, il n'y a rien, si ce n'est le désordre. En Égypte, où les Anglais ont tout dirigé pendant longtemps, le roi n'a aucune autorité profonde. L'Égypte est une société mixte qui a toujours compté énormément d'étrangers.

ANTOINE SFEIR. – À Alexandrie, dans la rue Rabbi-Daniel, on trouve une synagogue. Au milieu de cette même rue, une petite ruelle aboutit à la cathédrale copte. La synagogue et la cathédrale se font ainsi face. Voilà l'Égypte de l'époque. À Alexandrie, au Caire, il y avait de tout, on y parlait français, anglais, italien, grec, etc.

THÉO KLEIN. – Mais depuis, il existe un grand vide. J'ai récemment appris que l'une des premières décisions prises par les Français au Liban fut de rapatrier les tribunaux. Auparavant, la cour d'appel était en Turquie. Et ne parlons même pas de la Cour de cassation !

ANTOINE SFEIR. – Ce sont d'ailleurs des tribunaux mixtes. On y parle français et arabe. Même les en-têtes des papiers officiels sont écrits en deux langues.

Ce que vous disiez un peu plus tôt est véridique : nous sommes dans un chaos à la fois identitaire et idéologique.

THÉO KLEIN. – Mais les sionistes ne nous semblent pas dans le vrai lorsqu'ils évoquent un peuple sans terre pour une terre sans peuple. Ce qui est vrai, en revanche, c'est qu'il n'existe pas de nation. Les Israéliens ne se sont pas installés dans un pays au pouvoir local organisé, puisqu'il n'y avait pas d'autorité locale. Peut-être au Liban, sûrement en Syrie, mais pas en Palestine. Certes, il y avait le mufti...

ANTOINE SFEIR. – Le mufti était, à sa manière, complètement dépassé par les événements.

Je tiens à souligner un point très important. Lorsque les Français arrivent au Liban en 1920, ils réfléchissent à la manière dont ils vont pouvoir gérer dix-sept communautés religieuses – elles sont désormais dix-huit. Dans l'Empire ottoman, chaque communauté, dirigée par des dignitaires religieux, était responsable devant la Sublime Porte. La France décide donc de s'inspirer de ce système et imagine – ce que nous avons tous combattu d'une manière aveugle et stupide – le confessionnalisme.

Ainsi, dans chaque circonscription, au sens français du terme, chaque citoyen vote pour des candidats représentatifs de la démographie de la circonscription. Si celle-ci contient des Juifs, des chrétiens, des sunnites, des chiites, des druzes, des Grecs orthodoxes, etc., il vote pour une liste comprenant un candidat de chacune de ces confessions...

En permettant à toutes ces communautés d'être représentées au Parlement – même et surtout celles qui ne recueilleraient pas assez de suffrages autrement –, la France essaie de faire en sorte qu'au-delà du confessionnalisme il n'y ait pas de communautarisme.

La même chose va se produire en Syrie, mais ce pays est le cœur battant de l'arabisme. Mais en Palestine, un tel système n'existait pas ! En 1947, lorsque les Anglais annoncent leur départ, aucune institution n'est mise en place. Alors qu'en 1943 le Liban et la Syrie avaient déjà leurs propres tribunaux, leurs écoles, leurs universités...

THÉO KLEIN. – Il me semble que de grandes familles possédaient de très importants territoires palestiniens, même si la plupart d'entre elles résidaient plutôt au Caire et à Beyrouth. Certaines ont vendu des terres où les sionistes se sont installés. Cela signifie que, sur le territoire, la société palestinienne ne bénéficiait pas d'éléments d'organisation de son propre sort. Et cela a probablement beaucoup joué également.

J'ai lu une enquête selon laquelle à Jérusalem, au début du siècle dernier, sur environ 80 000 habitants, on comptait 50 000 Juifs, 15 000 Arabes et 15 000 personnes d'origine arménienne et autres. L'auteur de cette enquête avait interrogé un Juif de Jérusalem. Il lui avait demandé ce qu'il pensait du mouvement sioniste qui, à l'époque, émergeait. Le Juif lui avait répondu : « Oh, ce n'est pas sérieux ! » Le journaliste avait néanmoins écrit qu'au regard de la puissance de certains banquiers – il pensait à la famille Rothschild – on ne pouvait être certain de rien. En 1905, déjà, l'auteur s'interrogeait, alors que le Juif local n'y croyait pas du tout.

Antoine Sfeir. – J'irai plus loin encore. Le 15 mai 1948 marque la création de l'État d'Israël. Combien de Juifs arabes arrivent alors en Israël ? Très peu. En 1956, les Juifs maghrébins commencent à s'installer en Israël. Mais les Juifs de Syrie, du Liban ou d'Irak ne bougent pas.

Avant 1956, Nasser commence à poser des problèmes aux Juifs, ainsi qu'aux chrétiens et aux musulmans aisés. En 1956, au lendemain de la guerre, il séquestre et nationalise tous les biens. Les chrétiens, les Français, les Anglais, mais aussi les Juifs quittent la région. Jusqu'en 1960, l'Égypte se vide des chrétiens non coptes – les coptes sont égyptiens. Les Libanais d'Égypte, les Syriens d'Égypte, les catholiques grecs ou italiens, tous quittent le pays. En quatre ans, il n'y a plus personne.

Entre-temps, le Maroc et la Tunisie – l'Algérie en est à sa deuxième année de guerre – commencent à leur tour à se vider de leur communauté juive.

Théo Klein. – Ils ne rallient cependant pas tous la Palestine ; nombreux sont ceux qui rejoignent la France. Ils parlent français, ont une formation française et ont donc la possibilité de s'intégrer rapidement à cette culture.

En Israël, la situation est plus complexe. Je ne suis pas un homme de statistiques, mais je ne suis pas convaincu que la majorité des Marocains se soit rendue en Israël. Les Marocains pauvres se sont installés en

Israël, mais nombre de Marocains aisés ont choisi le Canada.

ANTOINE SFEIR. – Bien évidemment. Contrairement à ce que l'on peut dire ou entendre, ce ne sont pas des colons qui ont formé la communauté juive du Maroc. Ce fut peut-être davantage le cas en Algérie, mais certainement pas au Maroc ni en Tunisie. Et si les plus pauvres rejoignent Israël, c'est parce que dans les *kibboutzim*, on va leur donner une maison.

On peut donc dire qu'une certaine rivalité, pour ne pas dire une opposition, a alors vu le jour entre les ashkénazes et les séfarades.

THÉO KLEIN. – Par certains aspects, les Juifs ne sont pas foncièrement différents des autres peuples. J'ai vu arriver en France les Juifs polonais ou russes, ceux que l'on appelait les Juifs d'Europe centrale ; cette situation n'a pas été sans poser de grands problèmes à la communauté juive française.

N'oublions pas qu'à cette époque il existe des « Français israélites ». Arrivent alors des Juifs qui, dans les pays où ils résidaient, étaient considérés comme une minorité nationale. Cela dit, ils sont beaucoup plus religieux que le Consistoire officiel et créent même leurs propres synagogues. Cependant, la petite synagogue du Juif polonais est avant tout une maison de réunion : on y célèbre l'office, mais c'est un peu le champ de foire par rapport à la rue de la Victoire, où le lieu de culte a été organisé de telle manière qu'il apparaisse aux yeux des chrétiens comme hautement convenable, afin de montrer que, nous aussi, nous pouvions construire de véritables lieux de culte. Tout cela pour dire qu'en définitive les Juifs en provenance de l'Europe de l'Est ne se retrouvent pas dans les grandes synagogues de France.

Se pose également le problème des nationalistes de gauche, de la gauche non communiste, des communistes... En 1936, durant le défilé du Front populaire qui reliait le Panthéon à la Bastille, les gens avançaient en rangs serrés tout en criant des slogans. J'étais alors sur le boulevard Saint-Germain, lorsque je vis arriver un groupe précédé d'une sorte d'oriflamme ornée d'un slogan en caractères hébraïques : « Syndicat des coiffeurs juifs » ! Pour les Israélites français, ces Juifs étaient relativement effrayants. Nous étions dans la République française, la République jacobine.

L'arrivée des Juifs d'Afrique du Nord est différente. Ils parlaient français, étaient plus religieux, plus remuants. Ils ont apporté un souffle nouveau, mais n'ont pas créé le moindre désordre. Ils ont, simplement, pris le pouvoir dans les synagogues. Ainsi, la rue des Tournelles, dont les Juifs polonais qui se francisaient fréquentaient massivement la synagogue, est désormais totalement algérienne. Mais la situation était assez complexe : les Juifs d'Alger ne prient pas en même temps que ceux d'Oran, qui eux-mêmes ne prient pas en même temps que ceux de Tlemcen, qui ne prient pas comme ceux de Constantine, et ainsi de suite !

Pour en revenir à l'intégration des ashkénazes comme des séfarades en Israël, je dirais qu'elle s'est plus ou moins bien passée. Israël, à cette époque, faisait face à des difficultés sociales et économiques assez lourdes. Les très nombreux Juifs venus du Maroc ont par exemple eu le sentiment de ne pas être très bien reçus ; ils ont été placés dans des camps, par manque de constructions. Cependant, une certaine solidarité prévalait. Et tous partageaient le désir profond de vivre au sein de leur propre État.

Il s'agit là d'un aspect que l'on ne peut pas négliger. Le rêve des Juifs était de vivre chez eux, de ne plus dépendre d'une majorité volatile, satisfaite de leur présence lorsqu'ils permettaient de développer le pays, ou s'efforçant au contraire de s'en débarrasser lorsqu'ils n'étaient plus utiles. C'est ce rêve commun qui génère la solution d'un État qui ne soit pas binational.

Il existe par ailleurs un idéal sioniste que l'on peut comprendre, voire admirer, bien qu'il joue un rôle négatif : l'idée que nous devons nous réhabiliter nous-mêmes. Au cours des siècles, les gouvernements dont nous dépendions nous ont empêchés de devenir cultivateurs, ouvriers, fabricants... Nous avions été réduits à des rôles d'intermédiaires, alors que nous voulions être des créatifs. De fait, sur ce territoire qui ne s'appelait pas encore Israël, la population non juive a vu croître des possibilités de travail dont elle était exclue, non parce qu'elle était rejetée, mais parce que les Juifs voulaient se prouver à eux-mêmes qu'ils étaient capables d'autre chose.

En outre, s'ils avaient utilisé cette population, les Juifs auraient risqué de faire du colonialisme – ce qu'ils ne voulaient pas, puisque leur manière d'agir relevait justement d'un esprit purement anticolonialiste.

Les équilibres sont souvent difficiles à trouver...

Antoine Sfeir. – L'émergence du mouvement sioniste, puis la création de l'État d'Israël ont provoqué une fracture intra-musulmane. Parallèlement, le mufti de Jérusalem s'étant autoproclamé porte-parole des

Arabes, il a dressé contre lui les intellectuels laïques, bien plus nombreux à l'époque qu'aujourd'hui.

Le grand conflit entre Nasser et l'Arabie Saoudite, autrement dit entre le concept du nationalisme arabe laïc et celui de la communauté sans frontières, est une conséquence directe de la création de l'État d'Israël ; chacun voulait, pour des raisons religieuses et de principe, récupérer le pouvoir. En outre, le soutien à la cause palestinienne, ou l'éventuelle volonté de destruction d'Israël, a toujours permis aux pouvoirs en place de masquer les problèmes internes des pays. Et l'utilisation de la religion a été permanente.

THÉO KLEIN. — Au départ, le mouvement sioniste n'était pas un mouvement religieux, bien que les religieux aient toujours tourné le regard vers Jérusalem, et même si la formule « mourir à Jérusalem » n'a jamais perdu de son importance à travers les âges.

Je revois mon père, à qui j'avais proposé un voyage en Israël où résidait une partie de sa famille, me répondre qu'il ne voulait pas y aller, car partir pour Israël, c'était n'en plus revenir. C'était la tradition. Une fois le retour entamé, il faut rester.

Nous l'avons dit : les premiers sionistes, ceux qui ont créé les premiers *kibboutzim*, réagissaient généralement contre la religion. Mais cela se mélange avec la tradition, le retour vers un concept qui nous a appartenu et auquel nous nous référons.

ANTOINE SFEIR. — Le sens du mot *kibboutz* est bien « socialiste et laïque ». C'est pour cela que je ne suis pas certain que les pères fondateurs d'Israël reconnaîtraient aujourd'hui leur État et la société israélienne.

Même en Israël, de nos jours, la religion sépare plus qu'elle n'englobe. Alors que c'était le cas de figure idéal pour une religion englobante.

Théo Klein. – Cela m'évoque une anecdote. Une secte de Juifs très pieux est en conflit au sujet de la tombe de son fondateur, un vieux rabbin mort en Ukraine, sur laquelle cinq ou six mille touristes viennent se recueillir chaque année. Un descendant de ce rabbin a été enterré à Jérusalem à l'époque où Ehud Olmert était maire de la ville. Ce dernier ayant suggéré de rapatrier les ossements depuis l'Ukraine, la famille lui donne son accord pour qu'il s'en charge s'il est nommé Premier ministre. Comme il le devient, l'affaire refait surface, mais la majorité du groupe de Juifs concerné refuse que l'on touche à la tombe et désire, au contraire, faire construire un monument en Ukraine. Tout ceci remonte jusqu'au gouvernement ukrainien, et l'on profite d'un voyage du président ukrainien en Israël pour évoquer la question. Le fin mot étant que le terrain sur lequel était enterré le rabbin appartenait à un non-Juif !

Cette histoire illustre combien une discorde née d'un groupe de Juifs ultrareligieux, lui-même séparé des autres groupes, peut avoir des conséquences assez inédites...

Laissez-moi vous raconter une autre anecdote typique. L'une des premières fois où je suis allé en Israël, on m'a accompagné dans une synagogue, un vendredi soir vers 21 heures. Le rabbin est arrivé et s'est assis au bout d'une grande table. Les principaux fidèles étaient quant à eux assis le long de la table. C'était la Cène ! À la fin de la cérémonie, la personne qui m'accompagnait m'a expliqué qu'un célèbre rabbin était décédé, laissant un fils et un gendre ; les deux se sont disputés, et le gendre était à la tête du groupe que nous venions de voir. Nous nous sommes ensuite rendus à la synagogue du fils, où seules deux ou trois personnes étaient présentes. Le gendre avait tout pris.

ANTOINE SFEIR. – La lutte pour le pouvoir au sein de la religion est quelque chose de terrible...

THÉO KLEIN. – Si vous me passez l'expression, je dirais même que l'on marche sur la tête.

J'en finirai avec une troisième anecdote. En 1940, à Vichy, alors que les restrictions s'instaurent, une question se pose dans ma famille : peut-on manger du pain d'épice ? Ma tante, persuadée que l'on utilise du saindoux pour graisser le moule de cuisson – alors que le saindoux est totalement interdit dans l'alimentation juive –, finit par se renseigner et nous répond par l'affirmative. Ma famille se partage alors en trois : ceux qui décrètent qu'ils mangeront du pain d'épice quoi qu'il en soit ; ceux qui découpent l'extérieur du pain d'épice pour ne manger que l'intérieur ; et ceux qui refusent de toucher au pain d'épice. Trois écoles pour du pain d'épice ! Mais c'est aussi ce qui fait le charme de la chose.

ANTOINE SFEIR. – C'est en effet révélateur de beaucoup de choses...

En Israël, compte tenu du système des élections proportionnelles, les partis minoritaires étaient pratiquement devenus les arbitres de toutes les coalitions gouvernementales ; tout le paradoxe reposait sur le fait que certains de ces partis ne reconnaissaient même pas l'État d'Israël ! Cela devenait totalement pervers.

Pour en revenir au rôle de la religion, n'oublions pas que lorsque certains partis politiques arabes inscrivent la destruction de l'État d'Israël à leur programme, la démarche est nettement plus géopolitique que religieuse. Inversement, en Arabie Saoudite, la destruction de l'État d'Israël fait partie de l'enseignement scolaire. Et la question est de ce fait purement religieuse. Si les Américains savaient ce que racontent les manuels scolaires saoudiens – car les chrétiens en prennent aussi pour leur grade –, je ne suis pas persuadé qu'ils seraient heureux des relations privilégiées que leur gouvernement entretient avec ce pays depuis les années 1950.

THÉO KLEIN. – Je pense tout de même qu'une évolution des connaissances et des esprits voit progressivement le jour. Même si ceux qui refusent l'existence de l'autre, hélas, ne font pas encore totalement partie du passé.

ANTOINE SFEIR. – En tant que Français, je pense que ma richesse se traduit notamment par le droit qui m'est accordé de croire ou de ne pas croire. Mais le dialogue religieux est une imposture. Si vous comme moi avons la foi et engageons un dialogue pseudo-religieux, cela signifie que chacun cherche à convertir l'autre. Un dialogue interculturel peut servir à « comparer » nos religions, mais le registre du dialogue interreligieux est une imposture. Il est impossible que les religions ne soient pas en contradiction, puisque chacun de nous considère qu'il possède la voie, le salut et la lumière.

Théo Klein. – Je le disais précédemment : la religion construit un système, introduit des normes et des pratiques pour tenir les gens ensemble, au même titre qu'une armée qui dispose de sa rigoureuse discipline.

Antoine Sfeir. – Et la religion nous sépare automatiquement de ceux qui ne partagent pas notre croyance. La religion sépare, alors que la laïcité englobe.

Théo Klein. – Certes, mais la laïcité demeure un concept vague, tandis que la religion, qui représente sans doute des conceptions fausses, a néanmoins contribué à soutenir les gens un certain temps.

Antoine Sfeir. – Tant que les cathédrales sont la maison de l'Éternel, cela me convient. Chacun y va ou pas, à sa convenance. Cela ne regarde personne. Mais à partir du moment où ces mêmes cathédrales deviennent munificentes parce qu'elles représentent le pouvoir, alors cela ne m'intéresse plus.

Personnellement, je suis croyant par besoin de croire en quelque chose. Mais j'ai la foi du charbonnier et cela ne regarde que moi. J'ai baptisé mes enfants. J'ai envoyé ma fille dans une *yeshivah*[1], je lui ai appris l'islam, puis je l'ai laissée choisir. À vingt et un ans, elle m'a dit qu'elle s'était déterminée. Je lui ai dit que j'étais content pour elle et j'ai attendu qu'elle ait sa première fille pour comprendre, puisqu'elle a décidé de la baptiser, qu'elle avait opté pour la tradition chrétienne. Je ne lui ai jamais demandé quoi que ce soit. Cela ne me regarde pas.

---

1. Centre d'étude de la Torah et du Talmud.

THÉO KLEIN. – Chez nous, cela ne dépasse pas véritablement le cadre d'éléments familiaux ; nous faisons le Séder de Pessah, nous allumons les bougies de Hanoukka... Autant d'aspects culturels que j'ai voulu transmettre à la génération suivante, sans que cela implique de religiosité réelle.

ANTOINE SFEIR. – Il est important de transmettre ces traditions cultuelles. J'aime les traditions des Églises orientales. Mais je ne verse pas dans les superstitions religieuses pour autant. Elles sont le pire des cadeaux que l'on puisse donner à ses enfants.

THÉO KLEIN. – La religion musulmane prétend être une perfection de l'enseignement de Moïse et de l'expérience de Jésus. Il me semble que cela fortifie la volonté qu'ont certains musulmans de convertir, d'islamiser le reste du monde. La première étape, c'est Moïse ; la deuxième étape, c'est Jésus ; et Mahomet est la troisième étape, le prophète final.

ANTOINE SFEIR. – Je suis entièrement d'accord. Si l'islam s'arrête en 622, nous sommes dans cette configuration. Et personne n'ose aborder cet aspect des choses.

THÉO KLEIN. – Nous en revenons au fait que, malheureusement, ce qui devrait rassembler divise. Ce sont les éléments communs qui opposent.

ANTOINE SFEIR. – Je n'en reste pas moins persuadé qu'Israël était, aux yeux de nombreux minoritaires du Proche et du Moyen-Orient, appelé à protéger les minorités ethniques et religieuses. Et je ne pense pas que la société israélienne soit aujourd'hui consciente de cette « mission ». Je repense à la réaction de ce talmudiste que je vous ai racontée. Ce professeur était né en Israël, c'était un sabra ! Si les sabras produisent les mêmes extrêmes que leurs voisins du Hamas ou du Hezbollah, alors il faut très vite s'occuper d'une frange de la population, et des deux côtés de la frontière...

THÉO KLEIN. – Lorsqu'un religieux considère que « Dieu a dit », on ne peut pas en sortir, il n'y a plus à discuter. C'est l'unique vérité. Le problème du « Dieu a dit », c'est que Dieu ne parle jamais qu'à une seule personne, et sans témoin. Le dire de cette personne devient ensuite quelque chose d'ineffable. Pour ma part, je commencerai à croire à la parole exprimée de Dieu le jour où au moins deux personnes l'auront entendue en même temps, dans les mêmes termes et à distance.

ANTOINE SFEIR. – C'est l'avantage des Évangiles. Le Christ a parlé devant une multitude de personnes, et ses propos ont été rapportés par quatre « journalistes » qui n'écrivaient ni en même temps ni au même endroit.

THÉO KLEIN. – La parole du Christ reproduite d'une manière exacte... Je n'entrerai pas dans cette discussion. Je pense que Jésus a existé, qu'il a été une sorte de prophète – je ne m'engagerai pas trop loin – et que des gens l'ont entendu. Que des personnes qui l'ont entendu répètent sa parole, cela me paraît tout à fait normal. Mais il existe selon moi une différence entre la parole de Jésus et la parole divine, qui émane de Celui qui est immuable, qui n'existe qu'en rêve, dans l'inconscient ou dans une « inspiration ». Soudain, il y a une révélation, mais pas une parole. Personne n'a entendu Dieu « dire » quoi que ce soit...

Antoine Sfeir. – La formule « Dieu a dit » pose un véritable problème. Prenons l'exemple du Coran, dans lequel Dieu dit : « Il n'y a pas de contrainte en religion », avant de prétendre le contraire quelques sourates plus loin. Lorsque Dieu dit : « Voici la terre d'Israël », ce terme – de mon point de vue de chrétien oriental – ne représente pas uniquement le peuple juif ou hébreu, mais l'humanité tout entière. Mais lorsque le religieux, colon à Gaza, pense qu'il s'agit de lui, je ne comprends plus. Si demain un religieux du Hamas explique : « Dieu a dit que l'esplanade des Mosquées est à nous », où va-t-on ?

Théo Klein. – Je ne peux pas comprendre Dieu dans la mesure où je ne peux pas saisir le rapport qui existerait entre sa volonté et son enseignement. L'enseignement de Dieu me conduit à penser un certain nombre de choses et à adopter certaines attitudes. Mais l'action divine, puisque Dieu est à l'origine de tout ce que l'homme fait, est tout à fait contradictoire.

Je ne trouve pas de lien entre ce que Dieu aurait dit à Moïse, Jésus ou Muhammad, et la manière dont il conduit les événements. Un rabbin est capable de me dire qu'Auschwitz est la conséquence du non-respect du shabbat ! De même que je vous jure avoir entendu, toujours d'un religieux, que le drame de Tchernobyl est lié à la mutilation de la tombe d'un célèbre rabbin juif située dans les environs !

Dans les livres de prières hébraïques, on va de malheur en malheur. Et c'est toujours Dieu.

ANTOINE SFEIR. – L'enseignement et la parole de Dieu ne peuvent pas être contradictoires, je suis bien d'accord avec vous.

Revenons à la Genèse : Dieu nous a créés à son image, il y a donc une part de divinité dans chaque être humain, mais chacun est libre et responsable. À nous de nous en vouloir à nous-mêmes pour les guerres, les tortures, les exactions...

THÉO KLEIN. – Penser que nous sommes totalement responsables permet d'avoir une idée saine de Dieu. Tout débute d'ailleurs ainsi. L'homme a été mis à la porte du jardin d'Éden et l'humanité commence à ce moment précis, puisque Adam « connaît » Ève.

ANTOINE SFEIR. – Le péché originel est fondateur de la responsabilité et de la liberté.

THÉO KLEIN. – Et du respect d'autrui. Le deuxième épisode concerne deux frères qui se disputent sur un champ. Abel refuse d'aller faire paître ses troupeaux ailleurs que sur celui que Caïn cultive, et Caïn le tue. Lorsque Dieu demande à Caïn où est Abel, il lui répond : « Suis-je le gardien de mon frère ? » Là est toute la question...

ANTOINE SFEIR. – Et « la faute est tapie en toi » signifie que la faute est tapie en chacun de nous. Je me suis souvent demandé ce que j'aurais fait si j'avais vécu en

France entre 1939 et 1945. Aurais-je collaboré pour mieux nourrir mes enfants ? Aurais-je résisté ?

THÉO KLEIN. – Rien ne tient plus un homme que les convictions qu'il partage avec un groupe d'hommes et qui les distinguent des autres.

Certes, la notion d'intérêt général existe. Mais on ne peut pas demander à des religieux d'être dotés du détachement nécessaire pour envisager les problèmes sur un plan politique. Notamment lorsqu'il s'agit d'Israël. Connaissant le passé du peuple juif, ils ne parviennent pas à prendre en compte la réalité des choses face à la croyance.

La géographie et l'histoire sont des données réelles. Il me semble même qu'il y a des liens entre les deux et il faut en tenir compte. Or, la religion crée dans les esprits des réalités insurmontables : il s'agit de la parole de Dieu, et qui pourrait se permettre de changer la volonté divine ? Si Dieu a fait de cette terre ma terre, je ne peux pas y renoncer.

ANTOINE SFEIR. – Cela sert également les intérêts temporels. C'est exactement le même discours, la même sémantique que celle dont usent les intégristes musulmans ou chrétiens, les évangélistes protestants...

THÉO KLEIN. – Sauf que – si je puis me permettre une critique, à mon sens évidente – si Dieu a dit : « Voici la terre », il a également dit : « Même loi pour l'étranger. » Cela signifie que l'étranger a les mêmes droits, qu'il faut les respecter et qu'il faut donc bien tenir compte de son existence. Je ne peux pas accepter en partie seulement la parole de Dieu comme règle, et tenter de l'ignorer pour le reste.

C'est pourquoi, même si j'accepte le point de vue religieux pour essayer de le comprendre, il n'a selon moi aucune logique. Du moins, il ne va pas au bout de sa propre logique et ne tient aucunement compte de la réalité. Le pire, c'est qu'ils s'imaginent vraisemblablement qu'à un moment donné la parole de Dieu triomphera, et qu'ils doivent donc tenir coûte que coûte !

Antoine Sfeir. – La différence, cela va sans dire, c'est que dans le cas de l'intégrisme islamique, hélas ! on tue. Même si l'attitude des religieux juifs ne favorise pas le processus de paix, elle reste moins lourde de conséquences directes. Et c'est sans doute là que se pose une question : Israël peut-il aujourd'hui survivre avec ces personnes en son sein ?

Théo Klein. – Face au problème palestinien, les Juifs religieux devraient relire le premier livre de la Genèse. Les dirigeants d'Hébron sont assis à la porte de la ville. Abraham se présente devant eux, leur explique que sa femme vient de décéder et qu'il cherche un lieu pour l'enterrer. Les dirigeants d'Hébron le traitent très bien et lui répondent que chacun d'entre eux serait honoré de donner une partie de sa terre pour sa défunte épouse. Mais Abraham leur fait comprendre qu'il veut autre chose : il pense à un endroit précis, la caverne de Makhpela. Son propriétaire finit par accorder à Abraham qu'il y enterre sa femme. Et Abraham, désireux d'en devenir le propriétaire, lui propose de l'acheter, ce que l'homme accepte également.

Il y a là un total respect mutuel. Abraham obtient ce

qu'il veut, mais il tient à payer, pour que la propriété soit transférée comme cela doit être. Une telle démarche est la meilleure façon de se faire accepter. Abraham aurait pu se faire accepter en imposant sa volonté, il en avait les moyens ; telle ne fut pas sa démarche.

Les Israéliens devraient vraiment relire ce chapitre régulièrement et attentivement – et non pas une fois par an à la synagogue, à la va-vite. Ils devraient le relire publiquement et s'en inspirer. Il y a toujours un prix à payer.

7

Israël, pays arabe ?

THÉO KLEIN. – L'attitude israélienne au sujet des territoires est contradictoire. Les Israéliens ont accepté la décision de 1947, autrement dit le partage, puis ils ont profité des hostilités pour en déplacer les limites et parvenir aux frontières de 1949. Je crois que l'on aurait pu continuer ainsi très longtemps, alors qu'il y avait encore tant de choses à développer sur le territoire israélien tel qu'il existait dorénavant.

Et puis, il y a eu 1967. À l'époque, même si telle n'était pas la théorie du gouvernement, on trouvait encore en Israël des personnes qui songeaient au Grand Israël, en dehors même de la droite. Et la perspective de redessiner le territoire s'est alors présentée.

Les choses se sont dès lors doucement mises en place, d'abord pour des raisons militaires. L'idée était de dominer les hauteurs de la vallée du Jourdain, considérée comme la meilleure frontière possible. C'était un plan de la gauche. Lorsque Begin est arrivé au pouvoir, tout a éclaté. Ce fut l'appel au Grand Israël, une folie dans laquelle des sommes considérables ont été investies. Désormais, je pense que ce rêve est classé dans les tiroirs de l'Histoire, oublié par la grande majorité des Israéliens, qui demeure favorable à la coexistence de deux États. Mais il ne s'agit pas d'une conviction. La majorité pense simplement qu'il faut en passer par là.

Je répète que ce qui manque en Israël, c'est la notion d'insertion dans la région. Dans l'esprit de la population israélienne, le sentiment d'attachement à l'Occident domine encore trop nettement pour permettre que la paix – qui, théoriquement, peut se faire très facilement – devienne une réalité de la vie quotidienne.

ANTOINE SFEIR. – Sans cette intégration, il y aura effectivement des paix froides, comme entre l'Égypte et Israël, mais pas de normalisation des peuples. Cela suppose une chose toute simple : que tout un chacun soit citoyen à parts égales avec les autres.

THÉO KLEIN. – Les Israéliens sont très attachés à la terre d'Israël. De ce point de vue, il n'y a strictement rien à leur reprocher. Leur mécanique intellectuelle est en revanche marquée par la supériorité occidentale, qui existe également chez certains Arabes.

Pour eux, il s'agit donc de se reconnaître comme étant de la région, ce qui ne signifie pas qu'ils doivent changer leurs habitudes. Simplement, le terme « voisins » semble plus approprié qu'« ennemis ». On peut être en délicatesse avec son voisin, mais s'il est déclaré ennemi, le voisinage devient impossible...

ANTOINE SFEIR. – Lors de mes interventions à l'université de Tel-Aviv ou en Europe, je dis souvent qu'Israël est en train de devenir un pays arabe comme un autre. C'est de la provocation, j'en ai conscience. Mais les Juifs nés en Israël, que l'on appelle les sabras et qui appartiennent de fait à une région arabe, deviendront un jour ou l'autre majoritaires dans l'État.

J'entends souvent des chrétiens libanais dire qu'ils ne sont pas arabes mais phéniciens, des coptes dire qu'ils ne sont pas arabes mais descendants directs des pharaons, des Berbères refuser à la fois leur arabité et leur islamité... Nous sommes dans un renfermement communautaire total, dans un rejet de tous les brassages possibles et imaginables qui aient jamais existé.

Théo Klein. – Israël est une société occidentale moderne qui cherche à se développer économiquement et qui a perdu tous ses repères. Les pères fondateurs voulaient créer une société d'un type particulier, avec un mode de vie particulier, et ne visaient en aucun cas la réussite financière. Mais peut-être s'agit-il d'un phénomène général ?

Antoine Sfeir. – « Société occidentale », dites-vous. L'intégration d'Israël dans la région est-elle pour autant une utopie ?

Théo Klein. – Petit à petit, les jeunes – et maintenant des moins jeunes – nés en Israël deviennent majoritaires. Cette population est géographiquement intégrée dans la région, mais pas culturellement. De ce point de vue, elle reste attachée à l'Occident, ce que je comprends très bien. Mais cette population ne me semble pas faire assez d'efforts pour se rapprocher de ses voisins.

J'ai récemment lu que les Israéliens avaient décidé, dans les établissements qui sont l'équivalent des lycées français, de faire des économies sur les cours d'arabe, alors même que la connaissance de l'arabe est la voie par laquelle la société israélienne pourrait s'intégrer dans la région sans perdre sa spécificité. De telles décisions me donnent l'impression d'un « nous » face aux « autres ».

Tant que nous n'accepterons pas de nous rapprocher de ces « autres » et de considérer qu'ils ne sont pas nos ennemis mais nos voisins, nous n'arriverons à rien. Israël étant tout de même une démocratie, il est probable que toute pression de l'opinion publique se ressentirait au niveau du gouvernement.

ANTOINE SFEIR. – En définitive, c'est toujours la même question qui se pose. Moshé Sharett voulait coopérer avec les Arabes et Ben Gourion pensait que l'Angleterre était un passage obligé. Aujourd'hui encore, on pense que le salut d'Israël ne peut venir que de l'Occident. Soixante ans plus tard, nous en sommes toujours au même point.

THÉO KLEIN. – Une certaine évolution a tout de même permis la signature des accords d'Oslo et poussé un nombre non négligeable d'Israéliens à se tourner vers les Arabes. Les contacts se développent, même si cela ne se reflète pas dans la politique israélienne. À ce jour, mis à part le Meretz[1], dont l'existence est compromise, aucun parti politique israélien n'est vraiment dédié à cette relation. De fait, la politique israélienne se déroule dans un univers qui semble artificiellement projeté en dehors de sa zone géographique. Cela ne facilite pas les choses.

---

1. Parti laïque et socialiste, soutien de l'Initiative de Genève pour la paix, partisan du principe « Deux peuples, deux États ».

Les dirigeants israéliens eux-mêmes doivent être intégrés à la région. Shimon Peres, par exemple, est un personnage qui a des idées relativement justes, mais il est occidental, si bien que le passage à l'Orient ne se fait pas.

Peres m'a jadis proposé de rejoindre son équipe ; je n'ai pas donné suite. C'est un homme qui a des idées, un certain courage, mais pour être à la tête d'un gouvernement, d'un État, il faut à un moment donné savoir prendre sur soi, notamment dans des pays qui affrontent des situations difficiles. Cette capacité, Shimon Peres ne l'a pas eue. Rabin l'avait, mais pas Peres. C'est dans la nature humaine, Shimon Peres est capable de faire des gestes très positifs, d'avoir des idées très belles, de convaincre beaucoup de gens, mais il ne peut pas assumer.

Que les Israéliens doivent devenir orientaux ne signifie pas qu'ils doivent abandonner leurs acquis, mais qu'ils acceptent d'être de cette région et qu'ils essaient de mieux la comprendre.

Antoine Sfeir. – Ceux qui sont nés là-bas, les sabras, font à eux seuls la synthèse entre les Ashkénazes et les Séfarades, tout en intégrant l'Orient.

Théo Klein. – À peu près. Mais ils ne parlent pas l'arabe, alors que le fait de comprendre cette langue me semble un impératif dans cette partie du monde. D'autant qu'il y a beaucoup de choses importantes à découvrir en arabe : des philosophes, des écrits... Je ne pense pas que ce soit un arabe difficile ou très ancien.

Antoine Sfeir. – Non, c'est de l'arabe classique. Même si l'âge d'or de la région n'a duré que quatre-vingts ans, il est vrai que de grandes choses en sont le fruit, notamment la traduction des écrits grecs, lesquels ont par la suite été transmis à l'Occident.

Tout le monde doit pouvoir partager cela. Or, de nos jours, y compris au sein du monde arabe, très peu de gens ont cette connaissance. Et les personnes qui pourraient être des vecteurs d'intégration, qui ont le savoir mais qui ne parlent pas l'arabe, qui au contraire veulent s'occidentaliser, versent elles aussi dans les extrêmes.

8

La Shoah

THÉO KLEIN. – C'est une erreur d'associer la Shoah à la création de l'État d'Israël. En revanche, il est certain qu'au lendemain de la guerre il y avait des milliers d'errants et que cela arrangeait les Européens qu'on les expédie ailleurs.

ANTOINE SFEIR. – L'Occident était commis en complicité. Je suis plutôt laïque, et c'est grâce à vous que je me suis réconcilié avec l'Église maronite, lorsque vous m'avez montré la lettre que le patriarche d'Antioche Antoine Arida, primat de l'Église maronite, a envoyée au directeur de l'Alliance israélite de Beyrouth en mai 1933 : « Nous ne sommes pas sans connaître le généreux élan des Israélites à l'égard des chrétiens du Liban[1]... » Il rappelle précisément l'attitude des Juifs libanais à l'égard de leurs compatriotes. « Apprenant qu'à l'heure actuelle les Israélites d'Allemagne sont l'objet de vexations de toutes sortes, obligés d'abandonner leurs fonctions, leurs postes, leurs carrières, leurs industries, et forcés à l'expatriation et à la misère, nous tenons à cette occasion à exprimer aux éprouvés, à tout le peuple israélite, nos sentiments de regret, de sym-

---

1. *Cf.* annexe III, p. 211.

pathie et de cordiale compassion dans cette persécution contraire aux principes humanitaires. Nous sommes disposés à donner notre appui en vue de soulager leurs souffrances. » Au cours du même mois, il rédige une lettre pastorale en arabe[1]. À l'époque, personne n'en parlait en Europe ! J'ai été sidéré d'apprendre cela. Il y avait déjà, dans le Levant, une conscience de ce qui se passait en Occident.

Cela dit, je pense que l'instrumentalisation de la Shoah, qui entraîne des choses absolument folles, va finir par devenir contre-productive. Chacun a le droit d'être antisioniste, puisque le sionisme est un mouvement politique. Mais dès lors que l'on fait l'amalgame entre l'antisionisme et l'antisémitisme, plus personne ne peut s'exprimer. Si quelqu'un conteste ou critique le gouvernement israélien, il est aussitôt suspecté d'antisémitisme.

Je ne comprends pas que l'on puisse encore imaginer que des gens puissent massivement – je ne parle pas de certains mouvements minoritaires – admettre la Shoah ou accepter que cela recommence. Certes, avant la Shoah, un antisémitisme latent se faisait ressentir en Europe. Certes, il se passe encore des choses en Autriche. Mais de là à instrumentaliser systématiquement la Shoah, surtout pour une argumentation géopolitique...

Cette méthode est dangereuse, puisqu'elle participe à la ghettoïsation d'Israël et, d'une certaine manière, des Juifs. Et cela aboutit à une autre instrumentalisation : celle de Mahmoud Ahmadinejad, le président iranien, qui appelle à étudier la réalité de la Shoah. Dans ce

---

1. *Cf.* annexe IV, p. 213.

domaine, on trouve en outre des rabbins aussi extré-
mistes que le Hezbollah.

Théo Klein. – La Shoah est un drame qui s'est
déroulé en Europe, ce qui remet immanquablement en
cause la politique des pays européens d'alors, ainsi que
l'incapacité des dirigeants démocrates à comprendre
les dangers du fascisme, du nazisme – dans une certaine mesure, du stalinisme – et à prendre les mesures
nécessaires pour s'y opposer.

Cela a conduit à des événements dont les Juifs ont
été non pas les seules, mais les principales victimes,
les plus « industrialisées ». La Shoah représente tout
de même la disparition d'un tiers des Juifs, ce qui est
considérable... Elle a provoqué un vide très important.
Un deuil immense. Pour le reste, c'est une affaire politique et européenne.

En insistant trop sur notre drame, nous permettons
à l'Europe de ne pas se poser le problème de sa responsabilité. Cette responsabilité existe, elle est même
internationale.

En 1938, une conférence sur les réfugiés s'est tenue
en Suisse. Tout le monde savait très bien que les réfugiés qui étaient l'objet de cette conférence étaient des
Juifs qui voulaient ou devaient quitter l'Allemagne et
qu'ils étaient en danger. Les pays réunis pour cette
conférence ont, les uns après les autres, refusé de
recueillir des réfugiés – à l'exception d'un petit pays
d'Amérique du Sud. En 1939, les Américains ont même
renvoyé dans les eaux allemandes le navire *Saint-Louis*
avec ses passagers, tous juifs allemands. Je regrette que
nous n'insistions pas suffisamment sur cet aspect des

choses et que, d'une certaine manière, nous prêtions la main à l'effacement du problème.

Le second point que vous évoquez est différent. Je suis tout à fait d'accord sur le fait que le sionisme est un mouvement politique. Le sionisme a d'ailleurs immédiatement suscité l'antisionisme, notamment dans les milieux juifs religieux qui, à l'évidence, n'étaient pas antisémites.

Confondre les choses introduit un désordre qui est toujours défavorable. Je crois que nous réagissons à l'antisémitisme d'une manière dramatiquement inefficace en donnant au vide de ses accusateurs l'apparence d'une consistance. À travers les siècles, les principaux arguments des antisémites se sont révélés totalement nuls et complètement faux. Et c'est nous qui, en y répondant, leur prêtons une certaine opacité.

Finalement, le mépris est la meilleure arme à l'égard des imbéciles, puisqu'il est impossible de les corriger.

ANTOINE SFEIR. – Pour autant, il faut toujours se souvenir de la Shoah. La perte de mémoire est inadmissible. Mais l'instrumentalisation politique n'est pas souhaitable pour autant.

La création de l'État d'Israël, toute compréhensible qu'elle soit en Europe après la Shoah, m'a fait peur en tant qu'Oriental : il était couru d'avance qu'elle allait retirer les Juifs des pays arabes. L'un des drames des pays arabes est d'avoir perdu leurs populations juives.

THÉO KLEIN. – Le mouvement sioniste était la formulation politique de ce rêve qui a constamment occupé et, en quelque sorte, rassuré les familles juives à travers le monde : le retour à Sion. Avec la création de l'État d'Israël, il me semble que le sionisme a atteint son but. Que signifie le sionisme aujourd'hui, sinon que tous les Juifs sont invités à rejoindre l'ancienne mère patrie ? Ce n'est rien d'autre que le vœu de certains, qui ne se traduit pas dans la réalité.

Peut-être les sionistes rêvaient-ils de ce que les prophètes ont écrit, notamment Isaïe, à savoir le retour glorieux vers Jérusalem. Mais ce retour glorieux impliquait tous les peuples du monde, pas seulement les Juifs, qui allaient monter vers Jérusalem et reconnaître la même vérité.

Le sionisme existe encore en Israël via l'Agence juive, mais c'est un archaïsme qui n'a plus aucun sens. Les seuls véritables sionistes de nos jours se définissent comme tels, mais continuent de vivre en dehors d'Israël. C'est la définition que l'on donnait du sioniste à une certaine époque, avant la création d'Israël : un Juif qui donne de l'argent à un autre Juif pour aider un troisième Juif à monter en Terre sainte...

En Israël, les dirigeants sont en faveur du sionisme parce que ce leitmotiv a longtemps servi de mode d'appel. Sans doute les dirigeants israéliens aimeraient-ils qu'encore plus de Juifs s'installent en Israël. Par ailleurs, ils ne sont pas mécontents qu'un certain nombre de Juifs se trouvent sur les continents américain et européen, puisque cela permettrait, le cas échéant, de pouvoir bénéficier d'un appui.

Tout cela représente énormément de contradictions, de rêves qui ne se réalisent pas. Par les paroles, on peut réaliser des rêves ou croire que l'on continue à rêver utilement, alors que la réalité est souvent autre.

ANTOINE SFEIR. – Cela ne signifie-t-il pas qu'un retour en masse des Juifs en Palestine aurait suffi à donner raison au mouvement sioniste ? Fallait-il vraiment la création d'un État israélien, c'est-à-dire hébreu ? Une fois qu'Israël existe, est-il forcément inenvisageable que les deux États acceptent de vivre ensemble ?

THÉO KLEIN. – L'idée d'un peuple juif correspond à une réalité. Face à une identité juive qui est historique et culturelle – et qui ne correspond pas au schéma habituel d'un peuple –, le territoire commun est apparu comme une nécessité. Et ce d'autant plus que les Juifs se sont constamment heurtés à des difficultés. Les chrétiens ont tout de même transformé les Juifs en témoins coupables : ils devaient être condamnés comme déicides, tout en restant vivants pour devenir témoins de leur erreur.

Donc, pendant un temps, les Juifs ont cru qu'il leur serait possible de réaliser ce rêve d'un retour sur un territoire. Ils le méritent, mais surtout ils ont besoin d'un territoire, ne serait-ce que pour que leur langue et leur culture puissent se développer.

Pour autant, tous les Juifs ne doivent pas obligatoirement devenir des Israéliens. C'est un choix personnel, une tendance générale et non universelle. Il n'y a pas de contradiction : on peut parfaitement avoir un attachement territorial, national, et un attachement culturel qui ne sont pas liés. Si l'on ajoute la religion, on ouvre encore d'autres portes.

ANTOINE SFEIR. – Ce que vous dites est remarquable. À ce sujet, j'aimerais revenir à la lettre du patriarche Antoine Arida. Il écrit : « Nous nous associons à notre tour à ces sentiments inspirés de l'esprit de l'Évangile. N'oublions pas que les Juifs sont nos frères dans l'humanité et que Dieu les a choisis pour conserver la foi en un créateur unique et que d'eux est venu le Christ. Ils ont donné la Vierge Marie, saint Joseph et saint Jean Baptiste, les apôtres et les prophètes. Nous prions Dieu de mettre bientôt fin à leur malheur et de leur accorder une ère de bonheur. »

Le patriarche remet donc en question ce qui était presque une règle dans l'Église : le déicide. Ce sont des postures de ce type qui peuvent faire avancer les choses. Même en considérant la création de l'État d'Israël comme une injustice à l'égard des Palestiniens, force est d'admettre que ce n'est pas pour réparer une injustice qu'il faut aujourd'hui en commettre une autre. D'autant qu'Israël, dans sa vocation de témoin, est devenu indispensable au Proche-Orient : les Juifs ont vécu en Europe des choses qu'il ne faut pas revivre, au nom de l'humanité.

Théo Klein. – Je tiens à ce que nous évitions une confusion. Le sionisme et ses premières réalisations, notamment celles qui ont permis la création de l'État d'Israël, sont nettement antérieurs à la Shoah. La Histadrout[1], élément structurant et fondateur d'Israël, existe depuis 1920. Il faut faire très attention à cela car un mot d'ordre a été donné dans les pays arabes : les Européens ont massacré les Juifs et, pour essayer de se faire pardonner, ils leur ont offert une partie de notre territoire.

---

1. Fédération générale du travail.

ANTOINE SFEIR. – Il faut dire qu'avant la Shoah la situation n'était déjà pas simple pour les Juifs européens. Pour preuve, certains choisissaient de se convertir, par « confort » plutôt que par conviction.

THÉO KLEIN. – Évidemment. Et certaines familles qui ont réussi ont absolument voulu oublier leur identité juive, disparaître dans la foule, tandis que d'autres ne l'ont jamais reniée. Mais cela relève de la liberté de chacun. Les Juifs ne sont pas enfermés.

Le passage entre la religion, la culture et la nationalité est extrêmement délicat. La seule formule sur laquelle il me semble que l'on puisse tomber d'accord, c'est la liberté de l'individu dans ses choix. Personne n'est obligé de rester enfermé dans la condition où il est né. Un choix personnel est ouvert. Et l'on peut bien évidemment choisir la continuité.

Certes, il existe des familles dans lesquelles le poids de la tradition est une contrainte. Mais c'est un problème d'individus et non de collectivité. Par exemple, je ne suis pas certain que j'aurais facilement pu épouser ma femme, qui n'est pas juive, si mon père avait été encore en vie – même s'il était sans doute plus religieux par respect pour son propre père que par profonde conviction personnelle.

Du reste, on retrouve tout autant ce poids de la tradition dans certaines familles catholiques. Je ne suis pas certain qu'un garçon catholique puisse facilement épouser une protestante, bien que tous deux soient chrétiens.

ANTOINE SFEIR. – Que de fois ai-je entendu dire au Liban, lorsqu'un maronite voulait épouser une nonmaronite, ou inversement : « Pourquoi ? Tu n'as pas trouvé ce qu'il faut dans ta communauté ? » Cela a existé tout au long du xxᵉ siècle. Et nous assistons actuellement à une résurgence : l'appropriation de l'individu par la communauté.

Théo Klein. – Peut-être est-ce lié à la mondialisation. Pris par la peur, nous nous replions sur ce qui nous est le plus proche, parce que l'on s'y sent plus à l'aise. La dimension la plus large nous dépasse.

Antoine Sfeir. – Je suis persuadé que c'est également lié à la peur de l'autre, elle-même liée à la méconnaissance de l'autre, et donc à la méfiance. La confiance ne peut pas s'instaurer quand on ne connaît pas les gens.

En France, les enfants de Mai 68 ne savent pas ce que sont les grandes fêtes religieuses, qu'elles soient juives, catholiques ou musulmanes. Et comment comprendre ce qui se passe, parler de l'islam ou d'Israël, sans connaître cela ? Si les jeunes, aussi bien catholiques que juifs ou musulmans, ignorent tout de leur religion, c'est déjà parce que, bien souvent, les personnes de quarante ans ignorent les fondamentaux...

9

Quelles paix ?

THÉO KLEIN. – À la fin de l'année 1987, l'Intifada a représenté la première tentative des Palestiniens – alors menés, me semble-t-il, par des personnes intelligentes – de rompre une sorte de long silence, de manifester leur existence, d'exprimer leur refus du *statu quo* et d'amorcer le processus de leur libération.

Seulement, l'armée israélienne n'a pas immédiatement compris cet aspect des choses. Heureusement, après un certain temps, le gouvernement israélien s'est mis à traiter l'Intifada avec plus d'intelligence, c'est-à-dire moins de brutalité. Car la première réaction de Rabin avait été très brutale !

En tout état de cause, je ne pense pas qu'il y avait de connexions très solides entre les « meneurs » de l'Intifada et l'OLP.

ANTOINE SFEIR. – La première Intifada est avant tout la résultante d'une évolution fondamentale du mouvement palestinien.

En 1967, les initiateurs du coup d'État au sein de l'OLP prennent le pouvoir et s'organisent, luttant contre la mainmise des régimes arabes, dont l'OLP était une sorte de boutique polyvalente. Arafat parvient ainsi à résister et à sauvegarder une autonomie certaine.

C'est à partir de 1975 que la situation évolue massivement au Proche-Orient : conflit libanais, avènement de Khomeiny en 1979, première guerre entre l'Irak et l'Iran, invasion de l'Afghanistan par l'armée soviétique, montée du fondamentalisme, que l'on appelle alors très pudiquement la « fièvre du monde musulman », etc. Dès lors, on ne parle plus des territoires.

En 1982, Arafat quitte le Liban sous la pression de Tsahal et de Sharon, le pays perdant au passage la manne des cent millions de dollars que l'OLP dépensait mensuellement à Beyrouth, ce qui entraînera trois ans plus tard la chute de la livre libanaise et le début de l'inflation galopante. Mais, à cette époque, le conflit israélo-arabe, plus particulièrement le conflit israélo-palestinien, n'est plus nodal et n'intéresse donc plus la presse.

La première Intifada survient en décembre 1987, lorsque les étudiants des universités palestiniennes sortent dans la rue. Leurs seules armes sont des pierres. C'est alors que Rabin commet une première erreur en faisant sortir de prison Ahmed Yassine, fondateur et dirigeant spirituel du Hamas et membre des Frères musulmans. Cette décision résulte du fait que les Israéliens accusent l'OLP d'être à l'initiative de l'Intifada et pensent que le Hamas pourrait faire contrepoids. Ce en quoi ils se sont lourdement trompés, le mouvement ayant été spontané et l'OLP largement dépassée. Un cadre de l'organisation m'a même confié durant cette période que les Israéliens étaient derrière tout cela !

Ce n'est que dans un deuxième temps que de jeunes cadres de l'OLP locale vont prendre les choses en main.

Et ce n'est que par leur intermédiaire que l'OLP officielle, celle d'Arafat, va pénétrer le mouvement intifa-
diste. Il est vrai que la réplique israélienne s'est tout
d'abord révélée strictement répressive, uniquement
sécuritaire et, au bout du compte, totalement inefficace. Le premier contact entre Israël et l'OLP, certes
discret mais enfin officiel, n'interviendra qu'en novembre 1988.

La première Intifada marque deux phénomènes nouveaux : l'indépendance des mouvements palestiniens,
du moins de l'OLP, à l'égard des régimes arabes, et
l'émergence d'une nouvelle génération de Palestiniens
à l'école israélienne. Ce qui pousse Arafat à commettre
une monstrueuse erreur stratégique : proclamer l'État
palestinien, à Alger, en novembre 1988. Hussein de
Jordanie, estimant qu'il ne lui appartient dès lors plus
de payer l'administration cisjordanienne, remet la
Cisjordanie à cet État palestinien. L'OLP se retrouve
acculée, notamment au sujet des émoluments des fonc-
tionnaires, ce qui a pour effet de menacer son indépendance vis-à-vis des régimes arabes. Faut-il demander
de l'argent ? À qui ? Dans l'affirmative, Arafat estime
qu'il vaut mieux s'adresser aux pays les plus éloignés.
La réflexion était pertinente, mais une vraie pénurie
prédominait alors.

Il faudra attendre fin 1989 pour que l'OLP revienne
dans la course.

THÉO KLEIN. – J'ai entendu dire que la démarche d'Arafat à Alger, en 1988, venait du fait que les Palestiniens
de l'intérieur avaient fait savoir qu'ils iraient de l'avant
quoi qu'il advienne, que l'OLP suive ou non.

ANTOINE SFEIR. – C'était une façon d'obliger Arafat à reprendre le mouvement. Mais il lui a tout de même fallu un an. L'homme qui va cristalliser la nouvelle génération est Marouane Barghouti.

THÉO KLEIN. – Un personnage central dont il nous faudra reparler... Quoi qu'il en soit, la première Intifada prend donc fin en 1993 avec les accords d'Oslo, qui marquent la reconnaissance mutuelle d'Israël et de l'OLP. Il ne s'agit pas encore de la reconnaissance de la Palestine en tant qu'État, mais au moins officialise-t-on ainsi la nécessité d'une discussion.

ANTOINE SFEIR. – Entre-temps se déclare la première guerre du Golfe, dont nous payons jusqu'à ce jour les conséquences, à commencer par l'éclatement définitif et acté du monde arabe.

Rappelons que cette guerre intervient presque concomitamment à l'effondrement de l'Union soviétique, à la suite duquel plusieurs pays arabes se sont sentis orphelins. Un journal marocain a même publié un dessin caricaturant cette nouvelle donne : au recto figuraient les vingt-deux dirigeants arabes sortant d'un sommet et souriant aux photographes en se tenant par la taille ; au verso, chacun tient un poignard dans le dos de l'autre. Au-delà de cette caricature, il faut bien comprendre combien cette situation prend les allures d'une course contre la montre vers la Maison-Blanche, course destinée à se faire bien voir du nouveau maître du monde...

Deuxième conséquence : la parité stratégique, tacite, entre Israël et ses voisins arabes se déséquilibre très fortement en faveur d'Israël, qui se voit conforté dans une domination stratégique, militaire, technologique et économique.

La troisième conséquence résulte en l'émergence des trois puissances régionales que sont la Turquie, Israël et l'Iran. Israël est à la fois une puissance régionale et un gendarme du Proche-Orient. L'Égypte devient un « sous-gendarme » ou plus exactement un relais de puissance dans la vallée du Nil. Depuis plus de dix ans, ce pays a été un bon élève du FMI, de la Banque mondiale, du gouvernement américain... Il reçoit à ce titre l'aide militaire et civile américaine la plus importante après celle attribuée à Israël. L'Arabie Saoudite est quant à elle le « sous-gendarme » de la péninsule Arabique. L'Algérie devient pour sa part relais de puissance en Afrique du Nord, tandis que l'Iran, malgré sa position particulière, commence à s'intéresser à la région arabe, essentiellement par le biais de La Mecque et de la dimension religieuse.

Quatrième conséquence : une véritable rupture de représentativité s'instaure désormais dans tous les pays arabes. Les dictatures sont partout. On ne peut même plus dire que tel ou tel peuple arabe est *mal* représenté : on est obligé de se demander s'il existe un seul peuple arabe qui soit *encore* représenté par son gouvernement...

On replonge dans la régression qui avait débuté en 1957-1958, lors de l'alliance avec les Saoudiens. J'entends encore le vice-président syrien, aujourd'hui réfugié à Paris, me dire que le terrorisme est une forme différente de diplomatie qui peut être utilisée lorsque la forme « classique » n'est plus efficace...

On le voit : l'Irak, contrairement aux apparences, n'occupe pas le rôle central de la première guerre du Golfe.

THÉO KLEIN. – Revenons légèrement en arrière : comment jugez-vous l'attitude de Sadate dans ce contexte ? Ne pensez-vous pas, avec le recul, qu'il a fait un pas intelligent, positif, qui pouvait mener quelque part ?

ANTOINE SFEIR. – Resituons tout d'abord cet événement. En novembre 1977, Sadate prononce un discours à l'Assemblée du peuple et révèle son intention de se rendre à Jérusalem. Malgré leur scepticisme, les Israéliens lui affirment qu'il y sera le bienvenu. Mais, coup de tonnerre, l'actuel patron de la Ligue arabe, Amr Moussa, alors conseiller de Sadate, annonce que la visite est prévue dès le samedi suivant, jour du shabbat ! Heureusement, Sadate arrive après le coucher du soleil, vers 19 heures.

Tout a été très symbolique. Boutros Boutros-Ghali, ministre égyptien des Affaires étrangères, a négocié les modalités de sa venue et les plus hautes personnalités l'ont accueilli : Golda Meir, Moshe Dayan...

THÉO KLEIN. – Seul le chef d'état-major de l'époque avait manifesté une certaine réticence... Durant son court séjour, Sadate a donc été reçu par les dirigeants du parti socialiste, ce que Golda Meir n'a pas compris. Je rappelle qu'avant cette visite elle avait interdit à Nahum Goldmann, président du Congrès juif mondial, de le rencontrer...

ANTOINE SFEIR. – Alors que les deux pays sont en négociation par l'intermédiaire des États-Unis et de la Roumanie, Sadate se rend au Parlement israélien, la Knesset, où il prononce un discours remarquable,

spirituel, absolument fabuleux. Hélas ! le discours de
Begin est resté prodigieusement plat.

THÉO KLEIN. – Un discours de notaire...

ANTOINE SFEIR. – J'allais dire « de comptable » ! Il y
a une telle dichotomie, un tel déphasage entre les deux
hommes ! Le sourire éclatant de Sadate pendant ce
séjour fait l'effet d'un véritable tremblement de terre.

THÉO KLEIN. – Le plus extraordinaire est de voir ce
qu'un homme courageux et décidé peut accomplir. Et
c'est cet homme courageux qui manque actuellement.

ANTOINE SFEIR. – D'autant que Nasser avait promu
Sadate vice-président à dessein de neutraliser les pro-
américains et les prosoviétiques. Avec lui, il a choisi le
plus neutre de tous, et c'est lui qui marquera à jamais
l'histoire de cette région.

THÉO KLEIN. – Cela dit, on peut penser que plusieurs
personnes l'ont poussé à ce geste.

ANTOINE SFEIR. – Citons-les : Oussama el-Baz,
devenu par la suite le conseiller du président Moubarak,
Boutros Boutros-Ghali, alors ministre des Affaires
étrangères, et Amr Moussa. Ces trois grandes figures
ont commencé à imaginer ce geste en 1978, lors des
accords de Camp David.
Lorsque Sadate fait son discours face à l'Assemblée
du peuple, Arafat est au premier rang et l'applaudit !
Il changera d'avis trois jours plus tard. À l'époque, le
monde arabe commence à se diviser fortement. Les

pays du Maghreb apprécient le geste, mais ne l'avouent pas encore. Et l'initiative de Sadate, même si elle peut déplaire à titre individuel, va mettre le monde arabe au ban de la communauté internationale.

THÉO KLEIN. – Alors que tel n'était pas son but...

ANTOINE SFEIR. – Non, mais c'en fut une des conséquences. On peut reprocher à Sadate d'avoir délaissé la scène intérieure au profit de la scène extérieure et, surtout, de ne pas avoir délégué. Il a laissé libre cours à l'intégrisme, à la montée du fondamentalisme. Mais nul ne peut nier l'impact de son geste.

THÉO KLEIN. – La veille de l'arrivée de Sadate, la population israélienne ne croyait pas du tout à la paix, ni même aux pourparlers. Au lendemain de sa visite, les Israéliens étaient persuadés que Sadate était l'ami le plus cher d'Israël !

ANTOINE SFEIR. – Le Premier ministre israélien ne pouvait pas refuser cette visite : ç'aurait été aller à l'encontre de ce que disaient tous les dirigeants israéliens depuis trente ans. Sadate prend Golda Meir dans ses bras et il l'embrasse ! Elle n'en revient pas et le regarde, ébahie. Begin, lui, reste de marbre.

THÉO KLEIN. – La situation est difficile pour lui. C'est Sharon qui a fait évacuer la ville du Sinaï occupée par des Israéliens. Pendant les négociations, Dayan a téléphoné à Sharon, sans doute à la demande de Begin, pour connaître sa position. C'est Sharon qui aide à persuader les Israéliens installés sur place qu'ils doivent partir.

ANTOINE SFEIR. – Nous n'avons pas encore évoqué l'opération « Paix en Galilée », lorsque les Israéliens sont entrés au Liban pour repousser les Palestiniens hors de la frontière. Lorsque Tsahal pénètre au Liban le 6 juin 1982, la population l'accueille avec du riz ! Et il ne s'agissait pas des chrétiens qui, munis d'une certaine expérience depuis les Croisades, se demandent comment tout cela va tourner et restent terrés chez eux. Ce sont les chiites qui jettent ce riz. Depuis 1969, les chiites sont tout autant les victimes des opérations palestiniennes à partir du Liban que de la répression israélienne. Littéralement coincés entre le marteau et l'enclume, ils se disent que, sitôt libérés des Palestiniens, ils pourront retrouver leurs maisons. À l'inverse, les sunnites affichent une résistance.

Puisque nous évoquons l'année 1982, je tiens à apporter un éclairage sur un événement qui s'y est déroulé.

Il est bien entendu qu'en quarante ans de journalisme je n'ai jamais été confronté à la moindre guerre « propre ». Dès 1975, des massacres ont lieu dans le nord du Liban. Des monastères sont détruits, des moines empalés. La presse occidentale, notamment française, n'en parle pas. D'emblée, elle décide qu'il y a d'un côté les chrétiens isolationnistes et, de l'autre, les islamo-progressistes.

En 1976, les Palestiniens d'Arafat reprennent Damour et Jieh, deux villes côtières sur la route de Saïda, causant sept mille morts, éventrant des femmes enceintes... Or, ce massacre est resté jusqu'à présent confidentiel.

Lorsque le président Bachir Gemayel est assassiné

– assassinat commandité par les Syriens –, le chef des services de renseignement libanais, Élie Hobeika, tueur notoire, entre le 17 septembre 1982 à Sabra et Chatila, deux camps de réfugiés palestiniens à l'ouest de Beyrouth, et fait neuf cent quatre-vingt-sept morts. L'instrumentalisation ultérieure de ce massacre est une véritable imposture.

Ce chrétien a massacré des Palestiniens, c'est indéniable. Le geste de Hobeika n'était rien d'autre que de vulgaires et sanguinaires représailles contre des innocents, en tout cas des civils, des gens non armés. Mais pourquoi n'a-t-on jamais parlé de tous les massacres perpétrés au Liban par des Palestiniens contre des chrétiens ? Je rappelle que les Palestiniens étaient – et sont toujours – étrangers au Liban.

THÉO KLEIN. – En Israël, le drame de Sabra et Chatila a fait beaucoup de bruit. Je faisais partie des quatre cent mille personnes réunies sur la place qui porte maintenant le nom de Rabin. Le fait que cela se soit passé à un moment où les Israéliens se trouvaient sur les lieux a été un choc très profond. Il y a tout de même eu une commission d'enquête à la suite de laquelle Sharon a été interdit d'exercer les fonctions de ministre de la Défense. Il a été chef du gouvernement, mais plus jamais ministre de la Défense.

ANTOINE SFEIR. – Je ne vais pas me prononcer sur les conséquences politiques de ce drame en Israël. Mais j'ai été choqué par le fait que, même si le massacre de Sabra et Chatila reste évidemment indéfendable, les massacres commis par les Palestiniens ont soudainement été blanchis par ce symbole.

THÉO KLEIN. – Parce que le Palestinien est réputé le plus faible. C'est une réputation générale que les médias ont aidé à lui donner.

ANTOINE SFEIR. – Par ignorance. Nous assistons désormais à une tendance inverse, celle des « pauvres chrétiens d'Orient ». La presse passe d'un extrême à l'autre, toujours par méconnaissance.

THÉO KLEIN. – À l'époque, la population israélienne n'était pas du tout consciente de ces choses. Je pense d'ailleurs qu'il en est toujours de même aujourd'hui. Les citoyens israéliens considèrent que les actions de l'armée sont légitimes, dans la mesure où l'action est dirigée contre des gens qui essaient de nuire à Israël. Ils ne mesurent pas à quel point ces opérations vont au-delà du nécessaire. Et surtout, ils ne mesurent pas combien ces opérations suscitent et encouragent elles-mêmes les actes qu'elles combattent.

ANTOINE SFEIR. – Le 16 septembre, à 5 heures du matin, le chef d'état-major des Forces libanaises, Fouad Abou Nader, par ailleurs neveu de Bachir Gemayel, annonce à ses troupes qu'elles vont se déployer autour de Sabra et Chatila afin d'éviter toute réaction. Il débarque sur le tarmac de l'aéroport qui se trouve à cinq minutes du camp de Sabra et Chatila et envoie des éclaireurs en reconnaissance. Ces derniers reviennent et lui disent qu'Élie Hobeika est déjà là. Le massacre avait commencé... Le chef d'état-major a une réaction saine : « On rembarque tout de suite. » Ainsi, dès l'annonce du massacre, il le condamne.

La campagne lancée par la presse ne vise pas les

Forces libanaises, mais essentiellement Israël. On ne pouvait pas accepter qu'un État comme Israël permette un tel massacre. Mais la guerre du Liban a été un long chapelet de massacres, dont l'histoire du Proche-Orient est d'ailleurs jalonnée depuis la nuit des temps.

THÉO KLEIN. – Mais il semble que les Israéliens n'aient pas été informés suffisamment à temps pour intervenir...

ANTOINE SFEIR. – Un soldat de l'armée israélienne a vu arriver ceux qu'il considérait comme des alliés : des personnes vêtues de l'uniforme des Forces libanaises, avec à leur tête Élie Hobeika. Il ne s'en est donc logiquement pas ému et n'a pas immédiatement averti Sharon. Cela s'est passé à l'aube, en une demi-heure de temps.

Encore une fois, sans aucune volonté de défendre qui que ce soit, et de la même manière que l'on n'admet pas qu'Israël ou des chrétiens puissent se permettre ce genre de choses, pourquoi admet-on ou pourquoi passe-t-on sous silence les massacres commis par des Palestiniens depuis 1975 ?

Je regrette que tout cela n'ait pas été mis sur la table, même si, par la suite, le mouvement palestinien a réellement évolué, permettant d'aboutir, le 13 août 1993, à la déclaration de la reconnaissance mutuelle d'Israël et de l'OLP, puis, le 13 septembre, à la signature à Washington des accords dits « d'Oslo ».

THÉO KLEIN. – La première opération, la déclaration de reconnaissance mutuelle, se déroule sans les États-Unis.

Antoine Sfeir. – C'est vrai. Elle a lieu en Norvège. Je me suis toujours demandé ce qui a bien pu se dire juste avant la signature des accords. On sent Rabin réticent à serrer la main d'Arafat. Il le fait, puis Arafat avance vers Shimon Peres, lui tend la main. Peres hésite, s'avance à son tour, et Rabin lui dit alors quelques mots que j'aimerais bien connaître !

Le 4 mai 1994, les mêmes protagonistes signent au Caire l'accord d'autonomie de la Palestine. L'OLP devient « gestionnaire » de Gaza et de Jéricho, puis le premier « gouvernement » palestinien s'installe à Gaza.

Théo Klein. – En octobre de la même année, le 26 si je ne m'abuse, intervient le traité de paix entre Israël et la Jordanie. Mais c'est une autre affaire.

En février 1994, on parle également de l'assassinat de musulmans par le docteur Baruch Goldstein : le massacre du Tombeau des Patriarches. Mais il s'agit là, me semble-t-il, d'un acte individuel, dans le cadre d'une communauté très à droite... Goldstein était un fondamentaliste. Son acte était celui d'un fou.

Antoine Sfeir. – En novembre 1995, Ytzhak Rabin est assassiné. À ce moment précis, le ressentiment arabe est total. Les gens sont unanimes, ou presque, pour dire que tout est fichu.

Théo Klein. – Suite à la mort de Rabin, Shimon Peres refuse les élections. Il est pourtant vraisemblable que, si les élections avaient eu lieu aussitôt après l'assassinat, Shimon Peres aurait été élu. Mais il voulait être élu pour lui-même, et non en mémoire de Rabin. Le scrutin n'est donc programmé que pour le printemps 1996. Entre-temps, Shimon Peres commet une très grande erreur. Suite à une série d'attentats – des actes très graves vis-à-vis de la population, des bus qui explosent, des morts par dizaines à Jérusalem et Tel-Aviv –, Shimon Peres autorise une opération militaire sur le Liban, au cours de laquelle un tir d'artillerie frappe le siège de l'ONU et tue un grand nombre de civils.

En guise de représailles, l'électorat arabo-israélien ne se rend pas aux urnes. C'est à cause de cela que Peres a été battu, car les voix de ces électeurs lui étaient acquises. Et Israël se retrouve alors avec un Premier ministre d'extrême droite, fils d'un théoricien de l'extrême droite : Benyamin Netanyahou.

Toutefois, le processus de paix n'est pas enterré pour autant. Face aux Américains, Netanyahou feint de jouer le jeu, avec la pire volonté imaginable. Ainsi, malgré la pression américaine, on intensifie les implantations.

L'histoire de ces implantations est dramatique. Les gouvernements israéliens ont tous plus ou moins fermé les yeux sur ce phénomène. À mon sens, cela provient d'un aspect romantique du sionisme : on reconquiert la terre, on arrive à l'aube, on achète le terrain, mais on a peur que les voisins arabes réagissent mal – raison pour laquelle on arrive à l'aube –, et la première chose que l'on construit, c'est une tour de guet sur laquelle on place un garde armé. Ce romantisme de la conquête de la terre a alimenté les implantations, alors que cela n'avait plus de sens. Lorsque vous êtes un mouvement révolutionnaire, vous faites la révolution, mais à partir du moment où vous êtes un État reconnu faisant partie d'un ensemble international, vous devez tout de même respecter un certain nombre de règles. Or, ces règles ont été ignorées.

Antoine Sfeir. – La première Intifada a été un succès, alors que la seconde, en 2000, a échoué. Je me pose des questions auxquelles je n'ai pas de réponse : pourquoi Rabin, en février 1988, a-t-il libéré Yassine ? Était-ce une décision collective ? Une intuition personnelle ?

Théo Klein. – Je n'ai aucun élément de référence qui me permette d'en juger. Peut-être les dirigeants israéliens de l'époque ont-ils cru que le Hamas était une organisation purement religieuse. On ne se méfie jamais assez des organisations religieuses dont les propos, lorsqu'elles cherchent à conquérir le pouvoir, sont très différents de ceux qu'elles tiennent une fois arrivées au pouvoir.

Antoine Sfeir. – Je m'étonne encore que les Israéliens aient pu penser que la première Intifada était dès le départ dirigée par l'OLP.

Arafat proclame l'État palestinien en juin 1988, ce qui provoque le retrait d'Hussein de Jordanie des affaires intrapalestiniennes. L'OLP n'a plus un dollar et Arafat n'est plus suivi sur le terrain.

Parallèlement, un nouvel homme émerge, nous l'avons rapidement évoqué, en la personne de Marouane Barghouti, fils de l'occupation issu de l'école israélienne. Dès le départ, Barghouti annonce qu'il n'acceptera plus jamais une quelconque tutelle arabe. Il supplante rapidement les chefs palestiniens traditionnels et est écouté par tous les jeunes.

Théo Klein. – Les Israéliens ont rapidement perdu le contact avec les Palestiniens. Lorsque Dayan était ministre de la Défense, même lorsqu'il était ministre des Affaires étrangères, des contacts réels existaient avec les Palestiniens. Mais dès octobre 1980, lorsque Dayan n'est plus dans le gouvernement de Begin, l'armée prend progressivement le contrôle du territoire. Or, l'armée n'est pas un élément de dialogue – encore que les généraux qui commandaient la région lors de la première Intifada aient été relativement intelligents.

En décembre 1980, Dayan propose publiquement à la Knesset de donner l'autonomie aux Palestiniens. Il fait cette proposition tout en sachant – il me l'a dit le matin même – qu'elle serait refusée par Begin.

Cette époque est marquée par une incompréhension totale, voire une sorte de désintérêt. C'est assez visible concernant Barghouti. Je m'étonne, et je m'étonnerai sans doute jusqu'à la fin de ma vie, que les Israéliens n'aient absolument pas compris ou n'aient pas voulu comprendre cet homme.

Une journaliste israélienne habitant en Cisjordanie m'a raconté une anecdote frappante. Elle se trouve un jour dans une pièce remplie de Palestiniens de toutes origines, dont Barghouti. À un moment donné, des Palestiniens venus de Tunisie disent quelque chose en arabe que la journaliste saisit mal. Barghouti lui glisse à l'oreille, en hébreu : « Ne fais pas attention, ce sont des *goys*. » C'est très caractéristique. Barghouti était déjà engagé dans un dialogue entre les deux communautés. Ce qu'il fallait qu'il obtienne, c'était un peu de respect et de compréhension.

Malheureusement, les Israéliens, enfermés dans leur logique militaire, ne l'ont absolument pas saisi ainsi. En

2002, ils le capturent et le jugent pour son implication dans l'organisation d'attentats-suicides. Le procès resplendit de bêtise. Il a été condamné à la prison à vie et à la peine de mort je ne sais combien de fois. À l'époque, si l'on m'avait demandé de le défendre, je l'aurais fait. J'ai d'ailleurs essayé de le défendre en produisant certains écrits.

ANTOINE SFEIR. – Tous ces *goys* que Barghouti évoque, c'est-à-dire les gens de l'OLP, voient d'un mauvais œil émerger ce leadership intérieur. Aujourd'hui encore, il contrôle la jeunesse palestinienne.

THÉO KLEIN. – Bien qu'il soit en prison, il communique toujours avec l'extérieur, notamment grâce à sa femme et ses avocats. Il a été à plusieurs reprises question de le libérer. Mais, pour cela, le chef du gouvernement israélien doit être assuré de survivre à cette libération. Et comme toujours dans l'histoire humaine, l'absence d'un acte courageux crée un problème. Si le chef du gouvernement avait le courage de le libérer, il connaîtrait sans doute des difficultés passagères, mais il est probable que son pouvoir serait très rapidement renforcé par cet acte positif.

C'est d'ailleurs tout le problème de la position israélienne : du fait de l'instabilité du gouvernement et des coalitions nécessaires à son maintien au pouvoir, on occulte soigneusement les problèmes sur lesquels le gouvernement pourrait tomber. Pour preuve : à la veille de la dernière réunion d'Annapolis, la seule indication impérative donnée à Olmert était d'exiger des Palestiniens qu'ils reconnaissent Israël comme un État juif. Cela n'a pas de sens ! Il y avait d'autres problèmes, nettement plus importants, à régler avant celui-là.

Antoine Sfeir. – En outre, il me semble que ce n'est pas aux Palestiniens de reconnaître le caractère juif de l'État d'Israël.

Théo Klein. – Bien évidemment. Le caractère juif de l'État d'Israël a été proclamé lors de la déclaration d'indépendance[1]. En reconnaissant Israël, on reconnaît Israël tel qu'il s'est défini lui-même, c'est-à-dire comme un État juif. Mais l'inquiétude, l'anxiété sont des maladies juives. Dans ce cas précis, l'inquiétude est totalement inutile. C'est comme lorsque les Juifs parlent de « Jérusalem, capitale éternelle ». L'ajout du terme « éternelle » correspond à une inquiétude et non à une définition. Tandis que « Jérusalem, capitale d'Israël » est quelque chose de précis. On ne va tout de même pas parler de Paris, capitale éternelle de la France !

L'État juif, c'est la définition que l'État se donne de lui-même. Il est le seul à pouvoir le faire. Demander aux gens de proclamer qu'Israël est un État juif ne changera en rien la réalité d'un État démocratique qui, s'il décide demain de se définir autrement, à la demande de la majorité, sera de fait défini autrement.

Antoine Sfeir. – Pour revenir à la première Intifada, sa conséquence directe et concrète fut Oslo. Tout d'un coup, Israéliens et Palestiniens se parlent d'une manière claire, visible et non plus occulte. Oslo – pardonnez-moi cette comparaison osée –, c'est Moïse

---

1. *Cf.* annexe v, p. 214.

qui libère le peuple juif de l'esclavage. Les Israéliens et les Palestiniens, dans une tentative peut-être vaine, se libèrent de la tutelle internationale, notamment de celle des États-Unis. Ils dialoguent seuls. Sont-ils pour autant devenus adultes ? Je l'ai espéré. Ce qui est certain, c'est que même en évitant de parler des sujets qui fâchent, même en gardant beaucoup de méfiance, ils se parlent face à face, sans crainte, sans haine, sans violence.

Sur ce point, Oslo est une formidable révolution culturelle. Les bien-pensants disent désormais qu'Oslo est mort. Je ne suis pas d'accord avec cela. Depuis Oslo, le contact israélo-palestinien ne s'est jamais interrompu. On s'insulte, on s'entretue, mais on a pris l'habitude de se parler.

Hélas ! comme si cette région était maudite, après le traité israélo-égyptien, Sadate, puis Rabin sont assassinés. Je me souviens d'ailleurs que les mots de Hussein de Jordanie à la mort de Rabin étaient empreints d'une émotion et d'une profondeur extraordinaires.

Puis, comme dans toute nation, des erreurs ont été commises. Dans le cas d'Israël, Netanyahou en a été une. Revenu des États-Unis, il n'est pas imprégné de la terre de Palestine et d'Israël. Et cela a été une catastrophe. Pour lui, Israël est en danger de paix !

THÉO KLEIN. — À mon avis, Netanyahou est resté et restera prisonnier de son père, un historien élève de Jabotinski, tant que celui-ci vivra. D'une part, son tempérament est plus américain qu'oriental ; d'autre part, il est sous la tutelle morale d'un homme pour lequel les principes ont une valeur bien supérieure à ce que l'on croit être la réalité du terrain. Enfin, il a une formation de vendeur... et le vendeur présente toujours la marchandise d'une certaine manière ; il ne trompe pas le client, mais il essaie de le persuader de la nécessité d'une chose qui n'est peut-être pas évidente.

Indépendamment de Netanyahou, la crise israélienne est profonde. Je suis particulièrement préoccupé par le fait que les Israéliens se laissent enfermer dans un système qui ne peut aboutir à rien : la prédominance de l'armée, de la question sécuritaire dans la politique. Et nous en arrivons à des contradictions folles.

On construit un mur dit « de sécurité ». Pourquoi ne se place-t-on pas derrière ce mur ? Pourquoi veut-on absolument être sur le terrain de l'autre ? La théorie militaire veut que l'on obtienne beaucoup plus de renseignements lorsqu'on s'y trouve – bien que ces renseignements puissent être obtenus autrement –, tout comme elle veut que cette présence permette de réagir rapidement en cas de problème, et surtout qu'elle soit un élément de sécurité, de dissuasion.

À titre personnel, je suis persuadé que la présence de l'armée israélienne sur les territoires – le fait qu'elle puisse entrer et sortir, aller où elle veut à tout moment – est ressentie comme une provocation permanente, donc comme un élément d'insécurité. C'est elle qui, petit à petit, pousse les jeunes à rejoindre la résistance pour passer à l'acte. Je ne parviens pas à comprendre pourquoi ce qui semble tellement évident n'est absolument pas compris par les dirigeants israéliens.

Les propositions en la matière de l'actuel ministre de la Défense, qui est pourtant le président du parti travailliste, sont presque plus exagérées que celles de la droite ! Or, toute solution politique restera impossible tant que cette situation perdurera. Peut-être les

Palestiniens devraient-ils comprendre que cette présence doit être perçue comme une force de stabilité et de sécurité, mais les sentiments nationaux sont ce qu'ils sont. Pourtant, les Israéliens, qui ressentent profondément un tel sentiment national, devraient normalement être les mieux placés pour le comprendre...

ANTOINE SFEIR. – Autant toute approche exclusivement sécuritaire est réductrice et inefficace si elle n'est pas accompagnée de démarches politiques, autant il est presque devenu traditionnel que l'armée d'Israël joue, par l'intermédiaire de ses généraux, un rôle politique et stratégique. Qu'est-ce qui devrait changer pour empêcher que l'armée joue ce rôle, comme ce fut le cas avec le Hezbollah libanais en juillet et en août 2006 ?

THÉO KLEIN. – Je n'ai évidemment pas de réponse autorisée à ce sujet. Les premiers généraux de l'armée israélienne venaient du *kibboutz*, ils étaient préparés pour la guerre, mais ils étaient issus du peuple. À l'époque, la guerre était relativement « accessible » à tous, si l'on peut dire ; aujourd'hui, l'armée est composée de généraux à la formation technique certes très pointue mais je ne suis pas convaincu de l'exactitude de leur réflexion politique et philosophique.

On doit cependant reconnaître qu'ils disposent d'instruments extraordinairement perfectionnés. C'était flagrant lors de la deuxième guerre du Liban. Du côté israélien, le début du conflit a été marqué par un exercice technique, militaire, qui ne comportait aucune espèce de réflexion politique. Les généraux ne raisonnaient plus politiquement.

ANTOINE SFEIR. – Après la guerre du Golfe, les accords d'Oslo et la paix jordano-palestinienne, il y a eu une vraie rupture en Israël, incarnée par le gouvernement Netanyahou. Désormais, que représente Netanyahou dans la classe politique et dans l'opinion publique israélienne ?

THÉO KLEIN. – Question délicate. Je ne suis pas un spécialiste de l'opinion publique israélienne ! Je peux en revanche vous donner mon analyse de cette période et mon opinion sur l'évolution de la politique israélienne.

Tout d'abord, l'introduction de l'OLP d'Arafat dans le jeu politique israélien en 1993 a été un événement considérable, une rupture extraordinaire, qui a enfin donné la possibilité d'avancer vers la construction d'une cohabitation, ou tout au moins d'une coexistence paisible.

Les accords d'Oslo ont profondément remis en cause le rêve du Grand Israël, auquel de nombreux Israéliens sont encore attachés. L'arrivée au pouvoir de Netanyahou a été une sorte de tentative de retour en arrière – rendue envisageable, il faut malheureusement le dire, par les erreurs de Shimon Peres. La première de ces erreurs fut de ne pas avoir provoqué d'élections immédiatement après la mort de Rabin, alors qu'il était à peu près certain de garder la majorité dans le clan socialiste.

Sa seconde grande erreur fut d'avoir cédé aux pressions militaires, autorisant ainsi l'opération ayant entraîné le bombardement intempestif d'un camp de l'ONU, provoquant la mort de nombreux civils réfugiés.

L'abstention des électeurs arabo-israéliens a porté Netanyahou au pouvoir, et ce dernier a voulu remettre en cause les accords d'Oslo. Mais la politique israélienne étant finalement déterminée par les États-Unis, il n'a pu aller plus loin que les Américains ne lui ont permis de le faire.

Antoine Sfeir. – Pourquoi, à cette époque, la politique israélienne est-elle déterminée à Washington plutôt qu'à Tel-Aviv ?

Théo Klein. – Les partis israéliens sont tellement éclatés qu'ils font tout pour ne pas être confrontés aux problèmes de politique générale. Les hommes politiques ont bien entendu connaissance des problèmes à résoudre, mais, face à leurs électeurs et à leurs doctrines – à leurs rabbins en ce qui concerne les partis religieux –, ils ne sont pas capables d'outrepasser certaines positions de leurs partis.

Depuis Ben Gourion et Begin, voire Golda Meir, il n'existe plus de débats de politique étrangère. Ni au gouvernement, ni à la Knesset. Et ce pour une raison très simple : en prenant position, le gouvernement risque de sauter. Rappelez-vous : lorsque Ehud Olmert est parti pour Annapolis, la seule instruction qu'il avait reçue de son gouvernement était d'exiger des Palestiniens qu'ils reconnaissent Israël comme un État juif. Sur ce point, on pouvait faire l'unanimité. Mais sur le reste, rien !

Cette incapacité à affronter les débats et donc à bâtir une doctrine gouvernementale solide permet à la puissance la plus importante, celle dont on dépend, de décider à notre place. Cela permet en outre de faire taire l'opposition, puisque la dépendance d'Israël aux États-Unis est universellement reconnue.

Cette maladie du gouvernement israélien est très grave. Ses conséquences en sont d'ailleurs perceptibles dans le rapport de la commission d'enquête Winograd, mandatée par le gouvernement israélien pour analyser le conflit israélo-libanais de 2006. Si l'on ne condamne pas Olmert, c'est parce que cela reviendrait à condamner le système lui-même, et toute la classe politique avec lui.

ANTOINE SFEIR. – Le fait que Netanyahou soit si peu israélien et tellement américain – je sais que mon propos est réducteur – n'ajoute-t-il pas au poids de Washington ?

THÉO KLEIN. – Je ne crois pas. Selon moi, le personnage qui se trouve derrière Netanyahou est son père. Par ailleurs, c'est un homme plutôt sensible à la réalité du terrain. S'il ne s'agissait que de lui, il accepterait certainement d'aller dans le sens général ; ne serait-ce que parce qu'il sait que l'on peut difficilement aller dans un autre sens.

Israël semble malheureusement incapable de se confronter à la réalité, à l'indépendance. Être indépendant implique une responsabilité vis-à-vis de ses voisins, une prise de décision élaborée en tenant compte des conséquences et des réactions que l'on risque de provoquer. En fait, s'il existe bien une réflexion militaire, c'est la dimension diplomatique et ses conséquences qui font gravement défaut.

ANTOINE SFEIR. – D'autant qu'être un ghetto permet de jouer sur l'aspect « assiégé ».

THÉO KLEIN. – Bien sûr. Puisque j'ai contre moi une hostilité générale, j'essaie de bâtir ma vie comme je le peux, puisque je ne peux pas compter sur les autres pour prendre en compte mes besoins...

ANTOINE SFEIR. – Le Netanyahou de 1996 est-il le même que celui de 2008 ?

THÉO KLEIN. – Je crois que le Netanyahou de 2008 défendra les mêmes positions que celui de 1996 et que, s'il arrive au pouvoir, il sera aussi sensible aux Américains que ses prédécesseurs. La seule question est de savoir quelle sera la politique américaine du nouveau président. Et là, les choses peuvent terriblement se compliquer...

ANTOINE SFEIR. – Pour revenir à 1996, je suis assez surpris par les jugements très sévères que portent sur cette période les « alliés » arabes d'Israël, notamment la Jordanie et l'Égypte. Est-ce un moyen pour eux de se défausser de leurs propres responsabilités ?

THÉO KLEIN. – Je ne pense pas que Netanyahou soit lui-même un homme de doctrine. Il a joué plusieurs jeux à la fois, en fonction du contexte. Sous la pression américaine, il acceptait un certain nombre de choses, mais, par ailleurs, il tenait des propos et prenait des décisions qui allaient dans le sens contraire. Je comprends donc assez bien que ceux qui lui faisaient face aient pu peiner à le suivre. Le blanc et le noir se mélangeaient. Ils se mélangent d'ailleurs toujours. On parle avec les Palestiniens, mais on agrandit le quartier de Har Homa[1].

ANTOINE SFEIR. – Je suis néanmoins surpris par la dureté des termes employés par Hussein de Jordanie à son égard, laissant comprendre qu'il se retrouvait pour la première fois face à un dirigeant israélien si peu fiable et si peu crédible.

THÉO KLEIN. – Il semble qu'il y ait une différence entre un officier haut gradé et un représentant de commerce... Je n'ai rien contre les représentants de commerce, mais cette fonction implique des données et des obligations différentes.

ANTOINE SFEIR. – De 1999 à 2001, Ehud Barak est Premier ministre. Au cours de l'été 2000, le sommet de Camp David II est un échec. Intervient alors la seconde Intifada. Pourtant, j'ai l'impression qu'il n'a manqué que quelques mois, aussi bien à Ehud Barak qu'à Bill Clinton et Yasser Arafat, pour faire aboutir les négociations, après le sommet de Taba de janvier 2001.

THÉO KLEIN. – Ils étaient sur le point d'aboutir. Les solutions étaient à portée de main, voire déjà formulées. Ce qui ne pouvait pas être formulé, parce qu'il a été impossible de mobiliser la population, c'était le vote favorable du Parlement.

––––––––––
1. Situé entre Jérusalem et Beit Sahour, en banlieue de Bethléem.

Il ne faut pas oublier qu'au moment crucial des négociations Barak avait annoncé sa démission depuis déjà six mois. Il avait en outre implicitement renoncé à demander le renvoi devant les électeurs du Parlement et du président pour trancher dans leurs divergences – possibilité que la loi israélienne lui offrait à l'époque. Si Barak avait eu le courage de faire cette démarche, cela aurait été l'occasion de poser le problème face aux citoyens israéliens. Et je pense que Barak aurait été réélu. Mais il a préféré se retirer, prouvant son incapacité à être un homme d'État.

Il est aujourd'hui un personnage relativement dangereux. En tant que général de l'armée, il a tendance à penser que les solutions ne peuvent passer que par l'action militaire. Alors que, en toute logique, la solution ne peut passer que par la politique.

L'armée israélienne doit revenir dans son pays pour en assurer la défense et sortir des autres territoires où, du simple fait de sa présence, elle symbolise une provocation permanente. L'armée doit cesser de produire les événements qu'elle combat !

Maintenant qu'il y a un mur, mieux vaudrait au moins tenter de justifier son édification en se repliant derrière... Le projet de construction de ce mur se trouvait dans le programme du parti socialiste, à l'appui de l'idée de séparation entre Israël et la Palestine, tout en faisant face à l'anxiété, voire à la peur des Israéliens, frappés par tant d'attentats. Les Palestiniens d'un côté, les Israéliens de l'autre, et ce mur pour marquer la frontière autant que pour se défendre contre les attaques palestiniennes. Quinze ans de calme, chacun de son côté : telle est la doctrine défendue à l'époque par le parti socialiste.

Arrive au pouvoir Sharon qui, dans un premier temps, ne veut pas entendre parler de ce mur. Puis il se rend probablement compte que le rêve du Grand Israël n'est qu'une utopie et reprend l'idée de la construction d'un mur, englobant cette fois-ci les territoires qu'Israël veut garder. Le tracé diffère puisque, dans l'esprit des socialistes, il s'agissait de la ligne verte. Évidemment, la réaction des Palestiniens est brutale. S'y ajoutent des difficultés avec les Américains, les contestations d'une partie des Israéliens...

ANTOINE SFEIR. – De nombreux Israéliens disent que ce mur les rassure. Les statistiques démontrent que, depuis sa construction, le nombre d'attentats a chuté de 80 %. Je n'ai aucun argument à opposer à cela. Pour autant, le mur est intellectuellement choquant dans son principe même. Et vous dites de surcroît que son tracé est encore plus choquant.

THÉO KLEIN. – Le principe du mur comme moyen de défense a prouvé son efficacité. On ne peut rien dire contre cet aspect des choses. Mais le tracé aurait été mieux justifié s'il avait correspondu à la ligne verte. Et surtout s'il avait évité, dans la mesure du possible, de couper par exemple des paysans de leurs champs... À certains endroits, le tracé passe dans des cours d'école !

À partir du gouvernement Sharon, le tracé de ce mur dénote une volonté d'annexer des territoires supplémentaires. De fait, entre le projet du mur imaginé par les socialistes et sa réalisation par Sharon, au-delà de l'aspect sécuritaire qui prouve son efficacité, donc son utilité, les concepts politiques qui sous-tendent son édification divergent radicalement.

Quoi qu'il en soit, il est évident que ma vision des choses demeure celle d'un homme qui ne vit pas en Israël, et dont aucun enfant ne s'y est installé.

ANTOINE SFEIR. – Nous avons tous les deux l'honnêteté de reconnaître que, ne vivant pas la situation sur le terrain, nos avis ne sont que ceux d'observateurs.

Une fois encore, permettez-moi de revenir un peu en arrière. En septembre 2000, Barak est empêtré dans les négociations avec Arafat et Clinton ; et c'est le moment que choisit Sharon pour aller se pavaner – vous me pardonnerez le terme – sur l'esplanade des Mosquées. Sur un plan strictement symbolique, même si nul ne conteste à Sharon le droit de se rendre sur l'esplanade des Mosquées, la manière dont il l'a fait était une provocation. Et cette provocation a déclenché la seconde Intifada, à laquelle – à la différence fondamentale de la première – l'appareil de l'OLP n'est pas étranger. La seconde différence, c'est que l'appareil essaie dès le départ d'encadrer cette Intifada, qui est en outre une Intifada armée.

THÉO KLEIN. – Ce n'était pas la première provocation de Sharon, qui avait déjà acheté une maison dans le quartier arabe de Jérusalem, ce qui avait fait beaucoup de bruit... d'autant plus que, lorsqu'il s'installait dans cette maison, il fallait renforcer la garde ! Cette attitude est très caractéristique du Sharon de l'époque, promoteur de l'occupation et du contrôle des territoires.

La doctrine de Sharon concernait la lutte contre l'idée d'un État palestinien et, vraisemblablement, dans un second temps, l'instauration d'une grande autonomie palestinienne, laquelle permettrait à Israël de garder le contrôle des frontières, seule garantie de la sécurité. De fait, Sharon luttait contre la politique des gouvernements qui acceptaient de négocier avec l'OLP.

En ce qui concerne la seconde Intifada en elle-même, j'ai toujours eu le sentiment qu'elle avait été voulue et animée par les Palestiniens. Quelques années plus tard, j'ai recueilli le témoignage d'une personnalité proche des Palestiniens à Paris. Cette personne m'a dit : « Nous nous sommes trompés. »

Antoine Sfeir. – En septembre 2001, l'attentat du World Trade Center change la donne. Arafat et ses conseillers n'anticipent pas les conséquences de la guerre contre le terrorisme. L'hyper-puissance américaine entreprend une « croisade » qui n'est limitée ni dans le temps ni dans l'espace. Les Palestiniens ne comprennent pas qu'il leur est impossible de continuer le combat comme ils l'ont fait lors de la première Intifada, qu'ils risquent d'être eux-mêmes perçus comme des terroristes s'ils poursuivent sur la même lancée.

Ce phénomène, conjugué au fait que la seconde Intifada, contrairement à la première, n'a pas été soutenue par les Arabes, a entraîné son échec.

Théo Klein. – Les gouvernements arabes voisins ne m'ont jamais semblé soutenir l'idée même d'un État palestinien. J'ai plutôt eu l'impression qu'ils la craignaient : du fait de la proximité avec Israël, il apparaissait que les Palestiniens, s'ils devaient créer leur État, iraient vers un système démocratique. Même Arafat n'avait pas une autorité naturelle comme celle du roi Hussein ou, sans qu'il soit question d'une quelconque ascendance dynastique, des dirigeants égyptiens. Or, la naissance d'un État démocratique arabe n'était pas particulièrement désirée.

ANTOINE SFEIR. – Les gouvernements arabes y auraient tout de même trouvé quelques avantages, comme le fait de pouvoir se débarrasser de leurs réfugiés. En revanche, outre le risque démocratique, le danger économique est réel : la population palestinienne a un savoir-faire, est ultra-alphabétisée, a l'habitude des échanges avec Israël... En tout état de cause, je ne pense pas que l'opposition à la création d'un État palestinien puisse être convaincante auprès de l'opinion publique, loin de là.

Parallèlement, les Palestiniens eux-mêmes, au moment de la seconde Intifada, avaient éclusé la quasi-totalité du capital de sympathie dont ils bénéficiaient auparavant dans l'opinion publique arabe, notamment auprès des chrétiens libanais et des chiites.

THÉO KLEIN. – J'aimerais avoir votre opinion. Je suis favorable à une collaboration aussi intense que possible entre Israéliens et Palestiniens. Nombre de mes amis de la gauche israélienne, au contraire, sont favorables à une séparation. Selon vous, que souhaitent les Palestiniens ? Des frontières ouvertes et la possibilité pour certains de travailler en Israël ou avec Israël ? Ou bien se débarrasser totalement de la présence même des Israéliens pour construire seuls leur propre État ?

ANTOINE SFEIR. – Mon sentiment à ce sujet est sans ambiguïté : les Palestiniens ne pourront jamais dire publiquement qu'ils préfèrent travailler en Israël, mais ils le pensent très fort. En petit comité, ils s'expriment sans ambages sur ce point : les Arabes les prennent pour des esclaves, alors qu'en Israël, au moins, il y a des lois qui sont respectées. C'est tout aussi vrai pour les ouvriers que pour les cadres. Dans le secteur des affaires, la rivalité entre Israéliens et Palestiniens est forte. Mais les Palestiniens préfèrent néanmoins travailler avec les Israéliens. Ils savent ce dont ils sont capables, mais les règles existent et sont respectées. Il n'en va pas de même dans certains pays arabes.

En outre, les dirigeants palestiniens ont du mal à avoir une position monolithique. Certains pensent pouvoir jouer de cette ouverture pour être une force de négociation, un enjeu politique – de fait, ils ont une vocation toute naturelle à devenir un vecteur entre les Israéliens et les Arabes. Au contraire, d'autres pensent qu'en tant qu'État palestinien, il faut exclusivement faire sa vie avec les Arabes. Non sans arrière-pensée, d'ailleurs, puisqu'ils se disent qu'ils les battront à plates coutures. Il s'agit donc d'un sentiment très éclaté.

Maintenant, face à ceux qui, dans la gauche israélienne, sont partisans d'une séparation, je reste à la fois perplexe et admiratif d'une conviction si péremptoire. Faut-il un divorce en attendant de nouvelles fiançailles ? C'est possible. J'en ai été persuadé. J'avais lancé l'idée d'un numéro des *Cahiers de l'Orient* sur le thème : « Des choses se font-elles ensemble ? » Je pensais trouver quelques éléments dans le tissu associatif, dans le domaine de la santé, des projets qui se comptent sur les doigts de la main... En réalité, j'ai découvert qu'une centaine de projets était déjà en cours ! En dehors de la citadelle géopolitique ou géostratégique, les hommes restent des hommes et travaillent ensemble. Cela fonctionne aussi bien dans le domaine médical qu'associatif, dans l'enseignement ou la culture. Et qui dit culture dit brassage réel.

Il existe aujourd'hui une multitude de projets communs. Assez bizarrement, les choses se construisent par le bas, avec beaucoup de parcimonie et de prudence, certes. Et peut-être avons-nous tort de vouloir intellectuellement décréter le divorce en nous disant que le remariage viendra plus tard. Je n'ai qu'une certitude : nous n'avons pas le droit d'arrêter les expériences communes, quelles qu'elles soient.

Au contraire, nous ne devons pas hésiter une seule seconde à les encourager.

Pendant plus d'un demi-siècle, nous avons surenchéri de discours guerriers, bellicistes. Nous avons éduqué à la haine. Combien de chocs faut-il encore pour éradiquer cela ?

THÉO KLEIN. – Dès l'instant où un Israélien et un Palestinien acceptent de s'asseoir à la même table pour parler, quelque chose de positif en découle. J'en ai fait l'expérience à maintes reprises. Le plus souvent, la difficulté est de faire en sorte qu'ils acceptent de s'asseoir côte à côte ou face à face. Et je reste persuadé que c'est dans le partage, dans l'association, dans le travail en commun, dans l'échange que les choses – en l'occurrence, la paix – peuvent se bâtir.

Je ne crois pas du tout au divorce. Il faut bâtir ensemble. Je suis assez fier d'avoir dit en 1988, au cours d'un échange avec le représentant de la Ligue arabe, que le Palestinien est le passeport de l'Israélien pour le Moyen-Orient, en même temps que l'Israélien est la garantie pour le Palestinien de pouvoir construire un jour son pays.

Malgré tout, il faut bien reconnaître que depuis vingt ans les progrès n'ont jamais été aussi flagrants qu'on aurait pu le souhaiter.

ANTOINE SFEIR. – Un nouveau phénomène m'inquiète particulièrement : les Juifs et les Arabes de France ont transposé le conflit israélo-palestinien, qu'ils donnent presque l'impression de vouloir rejouer dans l'Hexagone. Et les Français qui ne sont ni juifs ni arabes prennent parfois des positions plus pro-israéliennes ou plus pro-palestiniennes que les Israéliens et les Palestiniens eux-mêmes. Tous ces gens sont d'une dangerosité inouïe.

THÉO KLEIN. – C'est d'autant plus curieux que les Français qui prennent position pour les Israéliens sont souvent d'anciens antisémites, et que ceux qui prennent position pour les Palestiniens étaient généralement contre l'antisémitisme et le racisme. On n'a pas toujours les amis que l'on mérite...

ANTOINE SFEIR. – Comme si, par une attitude anti-israélienne, on pouvait de nouveau afficher un caractère « anti-impérialiste », Israël remplaçant les États-Unis et les Palestiniens remplaçant, par exemple, Che Guevara. Lorsque le Che est tué en 1967, il n'y a plus de combat anti-impérialiste. Les intellectuels occidentaux d'extrême gauche cherchent à persuader les Palestiniens qu'ils représentent désormais le combat anti-impérialiste. D'ailleurs, tout le monde se met à porter le *keffieh*, qui devient le nouveau symbole anti-impérialiste, supplantant presque le béret du Che. Cette instrumentalisation est curieuse. Parler de l'anti-impérialisme aux Palestiniens qui sont incapables d'expliquer ce concept ! Faire de la Palestine le Cuba de la Méditerranée !

THÉO KLEIN. – Puisque vous avez justifié la cohérence des hommes de gauche, il faut que je justifie à mon tour celle des hommes de droite. Je rappelle que la droite française, à la fin du XIXe siècle et au début du XXe, criait volontiers : « Les Juifs en Palestine ! »

ANTOINE SFEIR. – À cette époque, elle était anti-dreyfusarde. De tels paradoxes sont impressionnants.

10

Les Palestiniens

Antoine Sfeir. – L'OLP existe depuis le début des années 1950. À cette époque, réfugié en Égypte et à la botte de Nasser, Ahmed Choukairy[1] déclare vouloir « jeter les Juifs à la mer ». En 1953-1954, il fait des déclarations absolument folles, qui sont presque des rodomontades. Parallèlement, il prend de l'argent partout.

Dans la nuit de la Saint-Sylvestre 1964-1965, nous l'avons déjà évoqué, une opération militaire à la frontière jordano-israélienne est revendiquée par un nouveau groupe nommé « Fatah » et mené par Yasser Arafat, Salah Khalaf, Khalil al-Wazir, Farouk Kaddoumi et Khaled al-Hassan. De ces cinq jeunes gens, seuls Arafat et Kaddoumi ne seront pas assassinés par Israël. Le Fatah part ensuite à la conquête de l'OLP et fait main basse sur elle en 1967.

L'OLP est l'agrégat d'environ dix-sept mouvements palestiniens, chacun ou presque dépendant d'un régime, d'un gouvernement arabe désireux d'instrumentaliser Israël. Je rappelle que tous les coups d'État qui se déroulent dans la région font l'objet d'un communiqué qui commence par « la résistance palestinienne », mais

---

1. Premier président de l'OLP (1964-1967).

certainement pas par « la situation socio-économique du pays ». L'instrumentalisation est réelle. Al-Saiqa est mené par les Syriens, le FLP par l'Irak, le FPLP est marxiste, l'OLP en général est sous la coupe de Nasser, etc. Et c'est Arafat – il faut lui reconnaître ce mérite – qui donnera comme ambition à l'OLP d'acquérir son indépendance, ou du moins son autonomie vis-à-vis des gouvernements arabes.

Dans ce contexte, le rôle d'Arafat a été positif. Tout d'abord, malgré tous ses défauts, il a permis à l'OLP de ne pas être récupérée par un seul régime arabe. Il a également incarné, même si ce n'était qu'une perception, l'unité du peuple palestinien, donnant à ceux qui avaient quitté le territoire l'espoir d'un retour. Il était le lien entre les Palestiniens de l'intérieur et ceux de l'extérieur. Enfin, il a été un interlocuteur pour les Israéliens et pour les grandes puissances.

Théo Klein. – Ne pensez-vous pas que l'ego sur-dimensionné d'Arafat a été extrêmement utile pour défaire nombre de Palestiniens de leurs liens spécifiques avec tel et tel pays arabe ? Sa propre vision de lui-même ne l'a-t-elle pas poussé dans ce sens ?

Antoine Sfeir. – Il s'était en effet identifié à la Palestine. Le risque inhérent – et cela s'est malheureusement produit – était qu'à un moment donné il soit déconnecté de la réalité.

Théo Klein. – Il a été déconnecté de beaucoup de réalités ! En même temps, il était d'une habileté extraordinaire et avait une réelle capacité à saisir les événements pour en tirer avantage.

Sa réflexion politique n'était pas suffisamment profonde. Il a été dans l'incapacité de passer du statut de chef de guerre à celui de chef de gouvernement. Par exemple, j'ai toujours été frappé par sa manière de s'habiller et de se présenter. S'il avait, comme le général de Gaulle, utilisé la tenue militaire lorsque cela était nécessaire et la tenue civile le reste du temps, il aurait physiquement marqué sa capacité à diriger une politique. Il était capable de diriger un mouvement, pas une politique. Plus qu'un mouvement, une politique est d'abord une pensée et une capacité à voir au-delà de la conjoncture immédiate.

ANTOINE SFEIR. – La seconde Intifada a été catastrophique pour lui. La visite de Sharon, sa déclaration à la presse sur l'esplanade des Mosquées ont été perçues comme arrogantes et ont déclenché une réaction purement émotionnelle. Là aussi, pour en finir avec ce qui n'est somme toute qu'un épisode de l'Histoire, la gestion exclusivement sécuritaire de cette réaction émotionnelle lui a permis de perdurer, alors qu'elle n'aurait dû être qu'un petit épisode.

Arafat a tenté de gérer et d'instrumentaliser cette seconde Intifada. Certes, c'était de bonne guerre. Mais il ne s'est pas rendu compte – et son imprévoyance m'étonne énormément – qu'en septembre 2001, soit un an après l'Intifada, les choses avaient complètement changé. Son incapacité à comprendre ce changement a contribué à ce que le mouvement palestinien soit mondialement amalgamé au terrorisme contre lequel la communauté internationale s'était lancée. Cela fut sa première erreur.

Deuxième erreur : en tant que président palestinien, il

pensait pouvoir tout faire. C'est ainsi qu'il a laissé faire la gabegie, la corruption, qui elles-mêmes ont généré les rumeurs les plus folles sur sa fortune personnelle. Tout cela a écœuré la population palestinienne. Il n'en reste pas moins qu'à sa mort, en 2004, un symbole a disparu.

J'ai récemment relu un entretien entre Bernard-Henri Lévy et Benny Lévy. Le premier demande au second ce qu'il pense d'Arafat, et se voit répondre la chose suivante : « Tu sais bien que c'est nous qui l'avons créé. » Je n'ai pas compris cette phrase.

THÉO KLEIN. – Benny Lévy doit faire allusion à un numéro spécial des *Temps modernes* que Jean-Paul Sartre avait consacré à Israël et à la Palestine. Cette édition de la revue a porté les Palestiniens sur la place publique, les a sortis de l'anonymat. De même qu'il existe un livre dont on parle trop peu, écrit par Clara Halter, qui a été le premier à parler des Palestiniens des territoires[1].

Le mouvement prend un nouveau tournant lorsque, dans le langage populaire, les Palestiniens, cessant de se référer principalement à l'*oumma*, revendiquent l'existence d'un État palestinien. Arafat fut à l'origine de ce tournant.

ANTOINE SFEIR. – Au début des années 1960, Moshe Dayan dit : « Souvenez-vous bien qu'Israël ne peut exister que contre les Arabes. »

THÉO KLEIN. – Je pense que c'est une erreur d'interprétation. Peut-être a-t-il dit « face aux Arabes », mais

---

1. Clara Halter, *Les Palestiniens du silence*, Belfond, 1974.

pas « contre les Arabes ». Pour Dayan, il fallait vivre avec les Arabes. Malgré les difficultés, les guerres, ils étaient selon lui les voisins naturels.

Antoine Sfeir. – En mettant cette phrase en parallèle avec celle de Benny Lévy, je finis par me demander ce que signifie « avoir créé Arafat ». A-t-on créé un mythe, qui est ensuite devenu réalité ? A-t-on créé le Hamas en 1987 en faisant libérer Yassine ? Est-ce une succession d'erreurs de ce type ?

Théo Klein. – Les mouvements s'entraînent les uns les autres. D'une certaine manière, le mouvement nationaliste juif, le sionisme, a pu provoquer un mouvement identique de l'autre côté. La volonté d'un groupe d'hommes de reconstituer quelque chose amène un autre groupe d'hommes à se rendre compte d'une identité particulière et à vouloir la faire triompher. Il en va de même au niveau religieux.

Après 1977, avec l'arrivée de Begin au pouvoir, le mouvement religieux israélien reprend de la vigueur. « Les territoires, c'est cela dont parle la Bible, c'est chez nous. » Cela a logiquement provoqué un mouvement religieux chez les Palestiniens. Les premiers sionistes ont joué un rôle, volontairement ou pas, dans la résurrection d'une sorte de volonté palestinienne, qui n'avait peut-être finalement jamais existé auparavant. Il est parfaitement compréhensible que les cadres palestiniens se soient dit : « Nous aussi nous sommes là, nous aussi nous existons et avons nos particularités. »

Je ne pense pas que les autres pays arabes se soient tellement offusqués du mouvement sioniste. C'était une affaire palestinienne.

ANTOINE SFEIR. – On peut légitimement se demander si les autres pays arabes n'étaient pas plutôt satisfaits de ce qu'Israël leur permettait de justifier leurs régimes.

Pour en revenir à Arafat, il ne faut pas oublier qu'il est issu, comme Sadate, des Frères musulmans. Sans en faire à proprement parler partie, il en était très proche dans les années 1950, au Caire. De fait, Arafat arrivait à contrôler le Hamas. Et sa mort a libéré le mouvement, avec lequel Mahmoud Abbas, son successeur, ne veut pas composer.

À quelque chose, malheur est bon. Mahmoud Abbas profite de la défaite de l'OLP face au Hamas lors des élections palestiniennes pour nettoyer les écuries d'Augias au sein de l'OLP.

La victoire du Hamas est d'ailleurs une fausse victoire : le mouvement n'a pas été élu par adhésion du peuple palestinien, contrairement à ce que pensent ses dirigeants, mais par rejet de l'OLP. N'ayant jamais imaginé obtenir la majorité absolue, le Hamas, dont la politique est celle d'une république islamique, se sent désormais obligé de se justifier en permanence et d'associer au pouvoir des personnes qui lui sont extérieures. Toutefois, il refuse de composer avec l'OLP. Parallèlement, le décès d'Arafat a donné une légitimité à Mahmoud Abbas. Ce sont donc deux légitimités qui s'affrontent.

Le Hamas a cru pouvoir mettre la main sur Gaza. Résultat : il est désormais totalement isolé. La Palestine est coupée en deux et Gaza est enclavée entre la mer, Israël, la Cisjordanie et l'Égypte. Cela me rappelle le rêve que faisaient Ben Gourion et Nasser : se lever un matin et apprendre que la bande de Gaza avait été engloutie par la mer. Gaza est ingouvernable. Cette

bande territoriale initialement constituée de huit camps
palestiniens a de nos jours la plus forte densité du
monde : un million de personnes sur une surface dont
on fait le tour en moins d'une demi-journée.

Jérusalem

THÉO KLEIN. – Jérusalem représente un problème singulier. Son histoire particulière fait d'elle, à divers degrés, un symbole extrêmement fort pour les trois grandes religions monothéistes.

ANTOINE SFEIR. – Bill Clinton avait proposé que les quartiers juif et arménien de la vieille ville soient placés sous souveraineté israélienne, tandis que les quartiers musulman et catholique seraient sous administration palestinienne. Cette répartition devait permettre de conserver l'unité de la vieille ville, qui serait ainsi à la fois la capitale d'Israël et celle de l'État palestinien à venir. Ce dossier a failli aboutir.

THÉO KLEIN. – Je pense comme vous que la solution envisagée d'un partage est la plus vraisemblable et sans doute la plus facile à mettre en œuvre. Au-delà de cet élément administratif, je rêve de voir Jérusalem devenir un lieu de convergence. Ce n'est pas qu'elle ait un statut spécial, mais il faudrait toutefois qu'elle soit la capitale d'autre chose que « pour moitié Palestine et pour moitié Israël »...

C'est à travers l'image de Jérusalem que peut se construire une fédération plus large incluant la Palestine, Israël et la Jordanie. Il faut faire de Jérusalem ce qu'elle est : une capitale culturelle, historique, qui marque ce qu'il y a de commun entre les peuples de cette région. À travers Jérusalem, Israël serait finalement intégré.

Antoine Sfeir. – Cette ville est d'autant plus importante pour l'islam que, jusqu'en 622, les musulmans priaient en direction de Jérusalem et non pas de La Mecque. Pour les chrétiens, Jérusalem est l'endroit où le Christ est non seulement mort, mais aussi ressuscité, ce qui est le fondement même de la foi chrétienne. Tout cela peut faire de Jérusalem la capitale d'un Levant pacifié, réconcilié, exemple même du « vouloir vivre ensemble » – ce qui va bien au-delà de la simple coexistence.

Théo Klein. – Jérusalem pourrait être la capitale du respect de l'homme pour l'homme.

Antoine Sfeir. – Les sionistes ont voulu créer un État hébreu susceptible d'accueillir les Juifs persécutés à travers le monde. Israël n'a pas été doté d'une Constitution, mais de lois fondamentales.

Théo Klein. – Jérusalem est le lieu historique, le lieu de rassemblement du peuple juif tel qu'il a été conçu à travers les âges. Elle est la capitale du prophétisme, de l'image du roi David et du roi Salomon, c'est-à-dire de l'unité d'un État. Jérusalem a toujours représenté une espérance pour les Juifs. Peut-être les persécutions ont-elles aidé, mais elles n'ont pas tenu le rôle principal.

Jérusalem est la capitale de l'idée même d'un peuple

juif ouvert vers les autres peuples. Relisons les prophètes, notamment Isaïe : c'est vers Jérusalem qu'un jour les peuples monteront pour trouver la paix. C'est bien des peuples du monde entier qu'il est ici question, et ils auraient donc intérêt à préserver la qualité particulière de cette ville. En outre, il faudrait également que les Israéliens et les Palestiniens respectent cette particularité, qui fait de Jérusalem une capitale ne se limitant pas à un État ou un peuple, mais au contraire ouverte sur le monde.

ANTOINE SFEIR. – Ceux qui estiment qu'Israël est un État théocratique ont-ils, selon vous, des raisons valables ?

THÉO KLEIN. – Je ne pense pas. Une grande majorité des Israéliens n'est pas croyante, ou du moins pas religieuse. Évidemment, on ne peut pas se référer aux Juifs sans se référer à la Bible, à la Torah, dans laquelle Dieu est extrêmement présent. Mais qu'est-ce que Dieu à l'époque et qu'est-ce que Dieu aujourd'hui ? Il faut tenir compte de l'Histoire, de l'évolution des hommes et du fait que Dieu soit au-delà de notre compréhension. Or, au fur et à mesure que le savoir de l'homme s'étend, qu'il conquiert de nouveaux espaces, le concept de Dieu recule.

Nous n'arrivons pas à comprendre les raisons mêmes de la naissance et de la mort, alors que la vie est la chose principale. C'est cette question qui, à mon sens, a conduit les hommes à inventer un concept éternel. L'éternité est ce à quoi l'homme est confronté, quelque chose qu'il ne peut pas atteindre.

La guerre de 2006

ANTOINE SFEIR. – Le Hezbollah, qui fait partie du gouvernement libanais, y compte trois ministres. Le 11 juillet 2006, sans les avertir, il a traversé la frontière, a enlevé deux soldats en territoire israélien puis est rentré au Liban. Pourquoi ? Parce que le lendemain, le Conseil de sécurité des Nations unies devait se réunir pour décider s'il accentuait les sanctions contre l'Iran sur le dossier nucléaire. Ce rappel des circonstances est fondamental.

La réaction israélienne a été terrible. Le chef d'état-major, Dan Haloutz, est un aviateur. Il a lancé l'aviation contre le Sud-Liban. Les Libanais se sont montrés unanimes, y compris au sein de la communauté chiite : « S'ils nous débarrassent du Hezbollah, tant mieux. » Mais Dan Haloutz a décidé de faire bombarder tous les ponts du Liban, autrement dit le côté chrétien, le côté druze, les villes sunnites et le Sud-Liban. Le peuple libanais, complètement décontenancé, ne comprenait plus rien.

Dan Haloutz était persuadé que devant un tel bombardement la population libanaise allait se retourner contre le Hezbollah. Or, c'est tout le contraire qui est advenu : elle s'est unanimement solidarisée avec le Hezbollah...

Un membre du gouvernement israélien m'a dit par la suite que sur cent soixante cibles prévues, quatre-vingts avaient été bombardées. Dan Haloutz a été arrêté à ce moment-là. Il a dû démissionner deux ou trois mois plus tard, suite à la commission d'enquête Winograd. La personnalité du chef d'état-major est fondamentale dans cette affaire.

THÉO KLEIN. – Avant d'être à la tête de l'état-major, il était responsable de l'aviation israélienne. Dan Haloutz était persuadé que l'aviation avait une telle capacité d'intervention et de destruction que les gens imploreraient l'armistice. En quoi il s'est grandement trompé.

ANTOINE SFEIR. – Israël se trouvait alors dans une situation particulière. Pour la première fois dans l'histoire du pays, ni le Premier ministre ni le ministre de la Défense n'appartenaient à l'armée. Or, dans la courte histoire d'Israël, lors de chaque conflit, l'armée participait traditionnellement aux prises de position politiques – même si une campagne de presse israélienne expliquait parallèlement que l'on n'écoutait pas l'armée. Mais il se trouve qu'en cette occasion, et afin d'éviter les critiques, ou de les anticiper, Olmert et son ministre de la Défense ont donné plein pouvoir à l'armée. Nous avons vu le résultat...

THÉO KLEIN. – Le 31 janvier 2008, la commission Winograd rend son rapport final qui, sans exonérer Olmert, ne le condamne pas formellement. Mais il faut lire en détail le rapport pour mieux le comprendre.

Il me semble que la guerre a été perdue par l'armée d'une part parce que la théorie de l'efficacité de l'aviation ne s'est pas vérifiée, d'autre part parce que les forces terrestres n'étaient pas aussi bien préparées qu'il l'aurait fallu. On ne peut pas à la fois faire de la formation militaire, de la préparation, de l'exercice, et envoyer constamment les soldats dans des territoires où leur position vis-à-vis de la population est telle qu'ils ne mesurent pas les dangers d'une vraie guerre.

Dans toute cette histoire, l'épisode le plus condamnable reste la dernière opération terrestre, ordonnée par le gouvernement alors que les termes du cessez-le-feu, supposé entrer en vigueur trois jours plus tard, étaient déjà établis. Trente-cinq morts en trois jours. La responsabilité morale est très lourde.

Antoine Sfeir. – Ce conflit a modifié l'image d'Israël, ou du moins son image d'indestructibilité. Paradoxalement, cela a cassé le tabou de la critique du Hezbollah au Liban. Non seulement la critique a été libérée, mais on lui a demandé des comptes pour avoir pris une telle initiative. D'autant que l'attitude du Hezbollah démontre, s'il en était besoin, son alignement dogmatique sur l'Iran. Cela prouve bien qu'il n'est pas libanais, mais avant tout chiite.

Théo Klein. – On peut supposer que les soldats enlevés sont en vie. Généralement, lorsque des prisonniers ne sont pas rendus à leur pays, des organisations ont un contact avec eux – au moins la Croix-Rouge internationale. Mais, dans le cas présent, il n'y a aucun contact, ce qui ne semble d'ailleurs pas spécialement émouvoir l'opinion publique internationale.

ANTOINE SFEIR. – Et cela est d'autant plus étonnant que lorsque le fils de Nasrallah fut tué lors d'une opération militaire en 2000, les Israéliens, par l'intermédiaire de la France, ont rendu son corps quasiment recousu – puisqu'il est de tradition, chez les musulmans, que le corps soit enterré entier. Cela rend encore plus étrange le fait que Nasrallah n'ait pas donné de nouvelles des deux soldats.

THÉO KLEIN. – De surcroît, je le répète, l'opinion publique internationale n'a montré aucun signe d'émotion à ce sujet. On s'offusque de certaines attitudes israéliennes – ce dont je ne me plains pas, puisque cela revient à reconnaître qu'Israël observe des règles morales et politiques –, mais on n'exige pas de certains pays arabes qu'ils respectent ces mêmes règles. Du moins, on ne condamne pas leur non-respect.

ANTOINE SFEIR. – Israël prend tout de même quelques libertés vis-à-vis des résolutions des Nations unies, et notamment de leur Conseil de sécurité.

Lorsque Barak a annoncé, en 2000, le retrait des soldats israéliens de la bande de sécurité du Liban, j'ai été surpris que personne ne rappelle que ce retrait intervenait après vingt-deux ans d'occupation.

THÉO KLEIN. – Je suis entièrement d'accord avec vous. Mais il existe une différence de degré entre les décisions des Nations unies, qui sont des décisions politiques, et les règles internationalement admises comme étant des « normes » morales et humanitaires.

Je reconnais volontiers qu'Israël ne respecte pas toutes les décisions des Nations unies, partant du point de vue que certaines ne sont pas justes à son égard. C'est d'ailleurs bien là un des problèmes de l'insertion d'Israël non plus au sein du Proche-Orient, mais parmi les États du monde : Israël se perçoit souvent davantage comme un ghetto que comme un État. Et il s'agit là d'une attitude intellectuelle, politique, sentimentale juive que, personnellement, je regrette.

13

Aujourd'hui

THÉO KLEIN. – Que se serait-il passé si les sionistes avaient parlé aux Arabes plutôt qu'aux Occidentaux ? Toutes les hypothèses sont envisageables, mais il me semble qu'on pouvait trouver sur le territoire palestinien des personnes ouvertes au dialogue...

ANTOINE SFEIR. – Au début des années 1950, dès lors qu'Israël est reconnu par les Nations unies, Nasser avait les cartes en main pour instaurer la paix – à condition toutefois de créer une véritable coopération, un réel partenariat. Les Ashkénazes qui arrivaient en Israël apparaissaient alors comme des personnes occidentalisées et n'étaient pas affublés de l'étiquette de « colonialistes ». Ils avaient souffert, avaient connu les ghettos, la guerre, la Shoah, alors qu'en Orient les Juifs vivaient très bien.

Mais Nasser a réagi comme s'il avait été trahi par l'Occident, notamment par les colonialistes. Et le fait qu'Israël se soit allié avec eux pour mener la guerre contre l'Égypte a énormément pesé sur ses réactions. J'ai eu l'occasion de parler avec certains de ses conseillers, voire certains membres de sa famille, qui m'ont expliqué qu'avant cela des pourparlers étaient en préparation, notamment avec Moshé Sharett, alors ministre des Affaires étrangères.

THÉO KLEIN. – Il existait déjà des divergences de taille entre le parti Brit Shalom – association née à Jérusalem en 1926 pour « promouvoir la compréhension entre Juifs et Arabes en vue d'une vie commune sur la terre d'Israël, et ce, dans un esprit de complète égalité des droits politiques des deux entités » – et ceux qui refusaient l'État binational. Parmi ces derniers, Sharett était celui qui voulait négocier, et Ben Gourion celui qui voulait établir.

Auparavant, dans les années 1920, parmi les Juifs sionistes installés en Israël, notamment ceux qui ont créé l'université de Jérusalem, l'une des idées prédominantes était celle d'un État démocratique incluant les Palestiniens et au sein duquel les Juifs auraient pu se développer convenablement. Mais telle n'était pas l'idée des autres sionistes, qui prônaient quant à eux un État spécifiquement juif. Et le problème est qu'ils voulaient le même territoire.

À l'époque, les sionistes plus durs ont triomphé. Je ne peux pas formuler d'hypothèse sur ce que serait devenu le pays si l'autre groupe l'avait emporté, mais peut-être serions-nous dans une situation bien meilleure.

ANTOINE SFEIR. – Du moins totalement différente. Y a-t-il aujourd'hui beaucoup de gens qui, en Israël, pensent comme vous ?

THÉO KLEIN. – Je lis régulièrement *Ha'aretz*, qui a de plus en plus la réputation d'un journal de gauche en Israël. Il m'arrive d'y trouver des idées encore plus fortes que celles que je peux moi-même soutenir. Il me semble qu'une importante partie de l'intelligentsia israélienne pense ainsi. Il est d'ailleurs difficile de penser autrement, sauf à se voiler les yeux pour croire que la réalité politique est conforme à ses propres opinions, ou à se braquer sur une position que l'on imagine la bonne et la tenir à tout prix...

Je voudrais évoquer ici de nouveau l'aspect fondamental de ma conception de la judaïté, qui est le respect des autres. Cette notion est d'autant plus essentielle pour un Juif qu'il a lui-même longtemps souffert du non-respect. Nous sommes l'exemple même d'un groupe minoritaire qui n'a pas été respecté pour ce qu'il était ! À partir du moment où nous avons cette expérience à travers l'histoire de nos familles et de nos ancêtres, nous devons mettre en avant, comme conception première, le respect de l'autre, autrement dit, partir de l'idée que le Palestinien a des droits.

Dès lors, comment résoudre ce problème prégnant, impossible à occulter ? Des Palestiniens se trouvent sur cette terre parce qu'ils y sont nés, ou parce qu'ils sont venus s'y installer, au même titre que les Israéliens.

De fait, il faut trouver une solution qui tienne compte de l'existence de chacun, solution qui ne peut passer que par le partage ou un État commun. Si la majorité ne veut pas d'un État commun, alors il faut opter pour le partage. Cela ne va pas beaucoup plus loin que ça et ne relève en aucun cas d'une réflexion géopolitique très intense. Le respect de l'autre est l'enseignement fondamental du judaïsme.

Antoine Sfeir. – Vous m'obligez à réfléchir à la fois en tant qu'Arabe et en tant que chrétien d'Orient. Dans les deux registres, je vous rejoins totalement.

Lorsque je suis venu en France il y a maintenant trente-deux ans, j'ai été choqué par le mot « tolérance », que l'on me servait à toutes les sauces. Dans mon dictionnaire français-latin, j'ai cherché *tolero*, qui signifie « supporter l'autre ». Je me suis dit que je n'étais pas là pour tolérer l'autre, et certainement pas pour être toléré.

Théo Klein. – On est toléré si l'on est inférieur.

Antoine Sfeir. – Exactement. Je me disais qu'il s'agissait au moins de reconnaître l'autre dans son altérité, tel qu'en lui-même. Et pour le reconnaître, il faut commencer par le connaître. C'est pour cela que, sorti de la guerre au Liban, je voulais connaître l'islam. Je l'ai étudié, encore et encore.

De la même manière, étant né dans le quartier juif de Beyrouth, il me semblait naturel que mes premières amours fussent juives, que j'aille faire le shabbat sur le même palier. Je ne voyais pas le Juif comme l'autre, sinon comme un autre moi-même.

J'ai un souvenir de mon enfance libanaise qui, les années passant, se teinte de nostalgie. Lorsque le muezzin appelait à la prière, je savais qu'il me restait une heure et demie à dormir. Lorsque les cloches sonnaient, je n'avais plus qu'une demi-heure. Et lorsque je passais devant la synagogue dont on ouvrait les grilles, je savais que j'avais raté l'autocar. Au-delà de l'anecdote, c'est très poignant. C'est une chose que je ne retrouve plus aujourd'hui.

En tant que chrétien d'Orient, je me dis que si les chrétiens libanais avaient vraiment vécu leur christianité selon l'adage « Aime ton prochain comme toi-même », ils auraient probablement fait école, au Liban comme dans le reste du monde arabe. Et même, pourquoi pas, soyons présomptueux, vis-à-vis de la chrétienté occidentale.

En tant qu'Arabe, je suis né dans le nationalisme arabe, autrement dit dans une sorte de société séculaire où l'on ne confondait pas la foi et la religion. La foi reste dans la sphère privée et la religion veut organiser temporellement cette adhésion à un dogme. Rappelons à cet égard que, dans le projet de nationalisme arabe, la religion n'était pas aussi omniprésente qu'aujourd'hui.

Dans le même temps, découvrant ce qu'avait été la Shoah, je me suis dit que je n'aurais jamais pu admettre cela en tant que chrétien, et encore moins en tant qu'Arabe, puisque l'Arabe englobe les trois monothéismes. Aujourd'hui, je me sens totalement marginalisé dans cette réflexion.

En ce qui concerne le conflit israélo-arabe en général, et israélo-palestinien en particulier, l'idéal serait bien entendu l'existence d'un seul État démocratique où tout le monde serait représenté. Mais cela veut-il dire qu'il faille, à défaut de cet État, organiser le divorce entre Israéliens et Palestiniens en attendant un éventuel remariage ? Je n'en sais rien. Certains jours, je me dis que cela arrêterait l'hémorragie. D'un autre côté, organiser le divorce signifie que l'on entre dans le communautarisme total de la région.

Théo Klein. – La communauté n'est pas contradictoire avec la reconnaissance de l'autre et l'égalité parfaite entre les « membres » de chaque groupe. La communauté, c'est le partage d'un certain nombre d'idées entre des humains et la mise en place d'une organisation interne pour développer ces idées en même temps qu'un « vivre ensemble » plus intense. Cela n'exclut en aucun cas le respect total de l'autre, qui se développe à sa manière.

Le danger ne vient pas de la croyance, de la volonté de faire des choses ensemble, mais de l'organisation de la croyance des hommes, du système religieux, qui implique une prise de pouvoir et une spécification de ses membres excluant les autres. Les religions ont intérêt à enfermer leurs adhérents, à les distinguer des autres et à créer un obstacle entre eux et l'extérieur afin de les garder sous leur tutelle. Cet obstacle doit être surmonté, en tout cas au niveau de l'État.

Quant à la question de l'organisation locale, on est obligé de tenir compte de deux populations ayant vocation égale à être respectées.

Il serait impossible d'admettre que les Israéliens puissent proclamer que les Palestiniens, en tant qu'Arabes, pourraient être accueillis dans tous ces pays qui ont tant de terres à développer... Il serait tout autant impensable de les entendre dire qu'ils n'ont aucune raison de garder les Palestiniens sur ce territoire spécifiquement destiné aux Juifs.

Il existe là une contradiction qui est le danger même du sionisme et, à l'heure actuelle, de l'État d'Israël.

ANTOINE SFEIR. – Si l'on pousse un peu plus loin nos raisonnements respectifs, une telle situation condamnerait les Juifs israéliens à vivre entre eux, sans plus jamais espérer ou donner aux autres l'espoir de s'intégrer dans la région.

Or, l'une des vocations d'Israël, au regard du passé et du parcours d'errance du peuple juif, est précisément de ne plus permettre qu'une minorité soit oppressée dans cette région, peu importe que cette minorité soit ethnique ou religieuse. Et Dieu sait combien les minorités ethniques et religieuses sont nombreuses au Proche-Orient...

Israël doit en quelque sorte devenir garant de la liberté de culte et de non-culte.

THÉO KLEIN. – Je suis persuadé que les Israéliens pourraient assumer une contribution extrêmement importante à l'ensemble de la région, ce qui leur permettrait dans le même temps d'y trouver leur place.

Ben Gourion s'était demandé s'il ne fallait pas créer à la fois un État où les Juifs seraient majoritaires, et une autre représentation territoriale où les Arabes seraient majoritaires.

Avant de découvrir un texte évoquant cette idée, j'avais déjà pensé à une sorte de Benelux. Ce Benelux proche-oriental auquel je rêve correspond trait pour trait à la réflexion de Ben Gourion : s'inscrire dans une sorte d'indépendance elle-même comprise dans un ensemble beaucoup plus vaste et, pour y parvenir, créer une entité commune entre les Palestiniens, les Jordaniens et les Israéliens.

Pourquoi les Jordaniens ? Parce que la géographie doit jouer son rôle et que le territoire de la Jordanie fait partie d'une sorte de Palestine idéale, géographiquement définie. Les Israéliens n'auraient rien à y perdre. Ils auraient même tout à y gagner. D'autant que, grâce à cette entité commune, ils obtiendraient un accès beaucoup plus facile à l'ensemble de la région.

ANTOINE SFEIR. – Allons plus loin encore. Pourquoi s'arrêter à la Jordanie ? Pourquoi ne pas ajouter l'industrie syrienne, le savoir-faire libanais ?

THÉO KLEIN. – C'est le projet de la Grande Syrie.

ANTOINE SFEIR. – Beaucoup plus restreint, puisque je ne parle ni de l'Irak ni de Chypre. Je n'inclus même pas l'Égypte. Envisageons une sorte de Benelux élargi, un Levant à cinq : Jordanie, Israël, Palestine, Syrie et Liban. Cette entité serait formidablement intéressante et puissante.

THÉO KLEIN. – Mon idée est plus modeste. Elle se confine au territoire palestinien tel qu'il a été défini par la SDN dans les années 1920. Mais pourquoi pas ? Peut-être faut-il passer par des étapes. Il y aurait toutefois quelques problèmes entre la Jordanie et la Syrie – je ne parle même pas de ceux entre le Liban et la Syrie – qu'il faudrait préalablement surmonter...

ANTOINE SFEIR. – Il s'agit là de problèmes de régimes. Mais tout en gardant sa souveraineté, qui serait d'ailleurs confirmée et confortée par les cinq, et tout en gardant sa spécificité, chaque pays apporterait et recevrait quelque chose.

THÉO KLEIN. – Je différencie les structures d'État à État et les structures communes, qui impliquent une discipline commune. Je ne suis pas convaincu qu'il serait facile d'intégrer la Syrie et le Liban. Mais je ne suis pas davantage certain que la Jordanie serait disposée à entrer dans un système de ce genre !

Toutefois, il me semble qu'à partir de l'idée d'une Grande Palestine, incluant donc la Palestine, la Jordanie et Israël, les choses seraient plus faciles. Avant, pourquoi pas, d'aller plus loin et d'envisager une seconde étape. Mais nous ne sommes pas assis à une table de négociations ! Nous ne pouvons qu'agiter des idées.

Antoine Sfeir. – Ce sont précisément ces idées qu'il me semble très important d'agiter, afin qu'elles soient diffusées non pas auprès des États, mais auprès des peuples...

14

Demain ?

Cet entretien a fait l'objet d'une diffusion sur France Culture le 1er mai 2008.

ANTOINE SFEIR. – Au regard des derniers événements de 2007 et 2008, beaucoup pensent que les perspectives de paix avec les Palestiniens s'éloignent. Partagez-vous ce pessimisme ?

THÉO KLEIN. – Je suis rarement en prise au pessimisme car il ne mène à rien. Je crois au contraire fermement qu'il est possible de faire avancer les choses. En l'occurrence, il me semble qu'Israël n'a pas d'autre choix que de traiter avec les Palestiniens. Il ne reste plus au peuple israélien qu'à en prendre tout à fait conscience.

Pour leur part, les dirigeants israéliens semblent toujours bloqués par des combats de politique intérieure, qui empêchent le gouvernement de rechercher les bases communes d'une politique extérieure ; autrement dit, d'une relation normalisée avec les Palestiniens et, plus généralement, avec les voisins du Moyen-Orient. Des efforts doivent et peuvent être déployés, et je reste persuadé – sinon, je me coucherais avec mes ancêtres – qu'il faut les tenter.

Personnellement, au regard de mon âge, je n'ai pas le temps d'être pessimiste.

Antoine Sfeir. – On a parfois l'impression que la tentation d'occulter cette question prédomine actuellement en Israël.

Théo Klein. – C'est malheureusement un réflexe général dans les communautés juives que de se replier sur soi-même. Les Israéliens vivent en Israël. Si vous habitez Tel-Aviv, vous ne savez rien des problèmes palestiniens. Si vous vivez à Jérusalem, vous commencez à apprendre certaines choses. Si vous êtes près de villages arabes israéliens, vous sentez que quelque chose remue chez eux aussi, et qu'il faudrait peut-être prendre ce fait en considération. Mais, dans la vie politique, le gouvernement ne mène pas de débat sur une politique étrangère. Tout dépend de la relation avec les États-Unis. Je souhaite d'ailleurs que le prochain président américain puisse obliger les Israéliens à prendre eux-mêmes leurs affaires en main.

Antoine Sfeir. – Je ne partage pas non plus ce pessimisme ; je pense que nous sommes dans une période où tout doit être possible. Si vous renoncez aujourd'hui aux rares passerelles qui existent, il faut faire un autre métier... peut-être du commerce en Amérique latine !

La conférence d'Annapolis du 27 novembre 2007 a débouché sur un calendrier qui, jusqu'à ce jour et sans doute pour la première fois, tient. S'il se poursuit, ne serait-ce que formellement, nous aurons un État palestinien fin 2008. Tout le reste devra se construire, se structurer, se reconstruire, mais nous aurons au moins,

sur le papier et formellement, l'enveloppe de l'État. Il
s'agira ensuite de bâtir une nation. Vous parlez des problèmes intra-israéliens, mais Dieu sait s'il y en a autant,
sinon plus, au niveau intra-palestinien.

Cependant, ce que je redoute le plus dans ce que
vous dites concerne la tentation du peuple israélien
de se refermer sur lui-même. Si jamais cette tentation
continue à se propager, il n'y aura pas de possibilité de
voir l'avenir ne serait-ce qu'en rose très pâle.

Si aucune réflexion n'est menée en Israël sur l'intégration à terme dans la région, alors les deux côtés risquent d'avoir à faire face à un vrai problème de survie.
N'oublions jamais que nous parlons d'une région géographiquement restreinte, où la distance entre Beyrouth
et Jérusalem est moindre que celle qui sépare Paris du
Mans, où Damas est à 45 kilomètres du Golan.

THÉO KLEIN. – Ce qui pourrait être une heureuse
proximité.

ANTOINE SFEIR. – Ce qui devrait être une heureuse
proximité, bien entendu. Mais il est certain qu'aujour-
d'hui des problèmes fondamentaux, essentiels, se
posent. La descente aux enfers des régimes arabes
– que certains diplomates aiment à appeler les « ruptures de représentativité » mais qui, en réalité, ne sont
autres que des dictatures – et la tentation de renfermement israélienne me semblent être les deux plus
importants.

Précisément, cette proximité géographique dissimule
un extraordinaire décalage des avancées techniques.
Israël est une économie réellement moderne, très bien

insérée dans le marché mondial, ayant beaucoup misé
sur les nouvelles technologies de pointe.

À cet égard, lorsqu'on y songe, le mur ne symbolise-t-il
dès lors pas une sorte de déphasage complet, de « non-
contemporanéité » entre le développement hypermo-
derne d'Israël – qui en fait sur le plan commercial un
des États de pointe de la planète – et les pays arabes
voisins, que les despotes qui les gouvernent, parfois de
père en fils depuis des générations, ont maintenus dans
une forme d'arriération technologique ?

Cela ne participe-t-il pas d'un décalage, d'un déphasage qui ne peut que creuser l'écart entre Israël, qui ne
se sent pas appartenir à cette région, mais plutôt à la
mondialisation, et ses voisins ?

THÉO KLEIN. – Je ne crois pas qu'Israël ne se sente pas
appartenir à la région. Petit à petit, les Israéliens étant
maintenant majoritairement nés en Israël, le sentiment
d'éloignement de la région existe moins. Le problème
est peut-être majoritairement du côté des Arabes.

Ce que vous venez de dire illustre le fait que la région
pourra devenir une région émergente le jour où Israël
sera accepté comme l'un de ses membres à part entière.
L'avenir d'Israël est lié à cela. L'avenir d'Israël n'est pas
dans les kilomètres carrés, mais dans sa capacité à aider
les pays et les populations de la région à se développer
et, dans le même temps, à se développer lui-même.

Cela me paraît tellement évident que je suis toujours
étonné de constater à quel point cela ne saute pas aux
yeux des principaux intéressés. Peut-être la Ligue arabe
et certains souverains de pays arabes accepteront-ils
d'ouvrir les yeux. D'autres pays du Golfe ont déjà fait
un pas vers les Israéliens, se sont rendus sur place, ont

fait des affaires et ont donc participé au développement de la région...

D'ailleurs, dans le compte rendu de la réunion du Caire de 1922 que nous avons déjà évoquée, les Arabes eux-mêmes expliquaient que, s'ils s'adressaient désormais aux Juifs pour les aider à se développer, c'est parce que, quel que fût le pays où ils vivaient, les Juifs avaient toujours contribué à son essor.

Eh bien, oui, les Juifs sont capables d'aider le Moyen-Orient à sortir de son état actuel et à devenir une région émergente de la planète, et cela sans prendre la place de quiconque ! Cette chance que les pays arabes environnants ont actuellement serait perdue si Israël disparaissait.

ANTOINE SFEIR. – On sait qu'une première génération d'Israéliens s'est sentie très proche des Européens. Après, on a dit que la jeunesse israélienne était américanisée. Est-ce qu'aujourd'hui quelque chose change en Israël ? Est-ce que cette nouvelle génération se sent davantage appartenir au Proche-Orient ?

THÉO KLEIN. – Il ne fait aucun doute que les jeunes regardent vers les États-Unis. Mais ce regard est également tourné vers l'Europe et vers l'Asie, où ils voyagent beaucoup. Ce qui ne les empêche pas de se sentir appartenir fondamentalement à cette terre.

Évidemment, ils sont attirés par les progrès possibles, les possibilités qu'offre l'Amérique, les études... Une partie de la jeunesse israélienne est indiscutablement habitée par la volonté d'être au niveau des autres et, si possible, des plus élevés.

Mais cela n'est pas de nature à troubler l'ordre

public dans une région du monde, même au Moyen-Orient. Peut-être, sur l'instant, cela peut-il bousculer quelque peu les normes, mais dans un intérêt commun. Il n'empêche que les pays arabes ont là une chance à saisir – c'est une conviction profonde – et j'espère qu'ils le comprendront.

ANTOINE SFEIR. – Une remarque s'impose : les Israéliens ne sont pas les seuls à s'ouvrir. Je pense notamment aux Libanais, qui ne disposent pas de l'aide des États-Unis – celle apportée à Israël est tout de même la plus grosse aide américaine à l'étranger – et qui, depuis la guerre de 1975, ont éclaté partout dans le monde et se débrouillent très bien au Liban. Malgré dix-sept ans de guerre et trente ans de crise, l'économie libanaise est toujours debout.

Cela dit, en 1964, le PNB israélien était égal au PNB libanais. En 1992, il était le double du PNB libano-syro-jordano-palestinien. Aujourd'hui, il représente près du triple.

Je suis d'accord avec vous lorsque vous évoquez les réticences arabes. Même lorsque la paix règne, comme ce fut le cas avec l'Égypte, il ne s'agit que d'une paix froide. Les Égyptiens n'investissent pas en Israël, mille fois hélas ! C'est pour cela que je préfère au mot « paix » celui de « normalisation », une vraie normalisation entre les peuples.

Mais je ressens également, lorsque je m'y rends et que je discute avec des Israéliens, cette véritable tentation de renfermement sur soi, cette sorte de ghettoïsation que nous évoquions. Et cette tentation m'effraie.

Sur le plan arabe, une fois les frontières non seulement ouvertes, mais suivies d'une normalisation, il ne

devrait pas se poser de réels problèmes, compte tenu de
cette indéniable complémentarité. Mais est-ce la véritable vocation de l'État d'Israël ?

J'ai beaucoup lu et réfléchi à ce sujet. J'ai vécu vingt-
sept ans dans ce discours belliciste, ce discours revan-
chard, prétexte pour les régimes à occulter les problèmes internes en se focalisant sur l'ennemi israélien,
le sionisme raciste, etc. Au moment où nous vivons
des extrêmes, comment sauvegarder les minorités
ethniques et religieuses qui existent dans la région ? Le
découpage tel qu'on nous le présente aujourd'hui – par
exemple en Irak, avec les Kurdes chez eux, les chiites
chez eux, les sunnites enclavés – est-il une solution
d'avenir ? Je ne le crois pas.

THÉO KLEIN. – Ce sont des ghettos.

ANTOINE SFEIR. – Exactement. Ce ne serait rien
d'autre que l'aliénation d'une citoyenneté au profit
d'une citoyenneté communautaire, qu'elle soit d'ordre
ethnique, religieux ou confessionnel. Personnellement,
je ne veux pas de cela pour ma région.

Je crois que l'une des vocations de l'État d'Israël n'est
pas seulement, comme les fondateurs l'ont dit en 1948,
celle d'un État socialiste et laïque – qu'il n'est déjà
plus – et d'un État hébreu accueillant les Juifs persécutés dans le monde. Mais il s'agit sans doute aussi,
au nom de ce que les Juifs ont vécu, de devenir le protecteur des minorités ethniques et religieuses dans le
monde.

C'est ainsi que je le vois, que je le ressens, notamment
lorsque je repense à Moshe Sharett, l'un des fondateurs
de l'État d'Israël au côté de Ben Gourion. Je suis sans

doute à la fois présomptueux et très ambitieux, mais je crois que c'est indispensable pour la survie non pas d'Israël, mais de la région.

On pourrait me rétorquer que cette vocation est difficile à accomplir, dans la mesure où la question de la légitimité même de l'existence d'Israël n'est pas encore forcément acquise, mais soyons sérieux ! À partir du moment où même les Syriens se rendent à Annapolis, cela signifie qu'ils ont acté quelque chose.

Par ailleurs, ce n'est ni aux Syriens, ni aux Libanais, ni à d'autres de décider à la place des Palestiniens. Aujourd'hui, le problème est moins israélo-arabe qu'israélo-palestinien. Laissons donc les Palestiniens se débrouiller ; peut-être sous présence de la communauté internationale, mais en tout cas, de grâce, sans tutelle ! La preuve : Oslo s'est fait sans tutelle. Israéliens et Palestiniens savent très bien parler ensemble, malgré toutes les embûches.

Théo Klein. – La légitimité de l'État d'Israël existe depuis 1947. Il y a eu un vote à l'ONU, c'est lui qui a donné naissance à l'État. C'est sans doute une erreur, d'ailleurs quotidiennement commise en Israël, de toujours s'énerver autour du problème de la légitimité. C'est un fait.

Cela étant, l'un des problèmes est que le rêve des sionistes et des Juifs qui les ont suivis était de vivre chez eux dans une sorte de grand ghetto, mais où ils seraient souverains, contrairement aux autres ghettos où ils avaient vécu auparavant. Là encore, il y a fort à penser qu'il s'agisse d'une erreur profonde. Ce désir n'est pas réalisable ; nous vivons dans une époque où les frontières doivent être ouvertes. Dans le cas contraire,

elles seront bousculées à un moment ou un autre. Les
Israéliens doivent prendre en compte cette réalité.

Deuxième remarque que je voudrais faire : lorsqu'on
vit dans une région, lorsqu'on parle une langue régionale – car l'hébreu est une langue régionale, ce n'est
pas une langue qui se rattache au latin, au grec ou à
d'autres racines de ce genre –, on finit par *être* de la
région parce que l'on partage un certain nombre de
choses.

On ne peut pas occulter le fait que les jeunes Israéliens
aient appris à parler et à lire en hébreu avant d'apprendre
l'anglais, le français ou je ne sais quelle autre langue.
Je crois donc que l'image de ces jeunes complètement
occidentalisés est fausse. Il est vrai qu'ils tiennent à
ce que l'Occident leur a donné et qu'ils vont chercher
en Occident ce que celui-ci peut leur donner aujour-
d'hui encore. Mais je pense que les autres pays, s'ils
avaient les cadres nécessaires ou s'ils encourageaient
les jeunes à partir étudier à l'étranger – on voit d'ailleurs souvent les grands princes saoudiens envoyer
leurs enfants étudier aux États-Unis –, connaîtraient la
même situation.

L'Occident est intéressant pour tout le monde ; il
ne faut pas faire du lien avec l'Occident un argument
selon lequel les Juifs ne peuvent pas s'acclimater et être
membres à part entière de cette région du monde. Mais
il faut que les Israéliens eux-mêmes – et n'oublions pas
que j'ai moi-même la nationalité israélienne, je vais
donc ici parler à la première personne –, il faut que
je considère l'Arabe comme mon cousin. Il faut que je
parle de lui comme de mon voisin et non pas comme
d'un ennemi.

J'ai décidé d'aller là-bas parce que j'y avais des raci-

nes mais, ayant décidé cela, je dois bien reconnaître que
j'ai moi-même cherché mes voisins. Il faut donc que
je prenne en compte qu'ils sont mes voisins. Peut-être
même aurait-il fallu, mais cela n'a pas été possible, ou
pas désiré, que je fasse quelques démarches préalables
auprès d'eux pour leur dire que j'allais venir m'installer
et leur demander si cela ne les dérangeait pas trop.

Cette époque a vu un engagement du sionisme dans
la voie colonialiste, parce qu'il fallait parler avec les
Anglais, les Français et les Américains. Mais on a
négligé le dialogue avec les Arabes. Vous avez cité
Sharett : il en était partisan. Ben Gourion, qui était
un homme d'action, pensait qu'il fallait parler avec
les puissances coloniales, parce qu'elles détenaient les
décisions.

ANTOINE SFEIR. – La conférence du Caire des 18 et
19 mars 1922 en est la preuve. Les choses y étaient très
clairement dites d'un côté comme de l'autre[1].

Lorsque vous dites qu'ils sont de cette région, c'est
vrai mais, très souvent, on sent une tentation de ne pas
être dans cette région. Malheureusement, c'est souvent
dû aux circonstances.

THÉO KLEIN. – Une bonne partie d'entre ces hommes
était tout de même issue de la région. Ils sont venus du
Maroc, de Tunisie, dans une moindre mesure d'Algérie... Les Marocains et les Tunisiens d'origine qui vivent
aujourd'hui en Israël sont tout de même très proches
des Arabes et ont l'habitude de parler avec eux.

---

1. *Cf.* annexe II, p. 206.

ANTOINE SFEIR. – Je regrette d'ailleurs que l'on ne parle pas de ces Levantins qui existaient aussi au Liban, en Syrie, en Irak... Beaucoup sont aujourd'hui en Israël. C'est comme si ces rapports qui pouvaient auparavant naître entre la communauté juive et les autres n'existaient plus aujourd'hui. La création de l'État d'Israël a radicalisé, envenimé les relations.

Vous avez évoqué les démarches que les sionistes auraient préalablement dû établir et qui auraient permis de sauvegarder les relations qui préexistaient. J'en parle d'autant plus aisément qu'à Beyrouth j'ai vécu dans le quartier juif, où j'ai senti une détérioration à partir de 1967. Au lendemain des manifestations qui ont suivi la démission de Nasser, qui n'a duré que quelques heures, j'ai ressenti à la fois la peur et la décision de partir, de quitter l'endroit où ils étaient nés, où ils avaient vécu en tant que citoyens à part entière.

Cela souligne le fait que les régimes arabes n'ont pas été capables, pendant près de soixante ans, d'assurer aux citoyens de confession juive une sécurité et une assurance réelles du devenir. C'est un vrai problème. Peut-être suis-je totalement en dehors du coup, mais je reproche à la création de l'État d'Israël d'avoir quelque peu retiré « leurs » Juifs aux pays arabes.

Contrairement à ce que l'on dit, je pense que la présence d'une communauté juive dans un pays pousse ses habitants à se questionner. Vous avez cité le Maroc et la Tunisie. Heureusement, le Maroc est en train, dans une certaine mesure, de ramener une communauté juive au sein du pays.

Selon une anecdote, il est impossible de connaître un Ashkénaze heureux, car quand il est heureux, il est inquiet. Sans la nécessité de ce questionnement, de ce doute, toute société ne fait que régresser.

Je regrette que les Juifs arabes aient quitté leurs pays respectifs, et je déplore tout autant que les régimes arabes n'aient pas été capables d'assurer le devenir de tous leurs citoyens. Et que l'on ne vienne pas me dire que cette vision est irénique. Qu'on le veuille ou non, le « vouloir-vivre » ensemble a existé. Ce n'est pas parce qu'il n'est plus d'actualité qu'il a définitivement disparu. Je ne peux pas, aujourd'hui, me contenter de la coexistence. Ou alors, sincèrement, je n'ai plus rien à faire là-dedans. On coexiste dans des cités... cela ne m'intéresse pas.

Si le Proche-Orient ne revient pas réellement à ce « vouloir-vivre » ensemble, alors ce n'est pas la peine. Alignons-nous sur les États-Unis, qui veulent faire de la région une succession d'entités confessionnelles ou ethniques qui ressembleraient fort aux nations de l'Empire ottoman. Cela a duré quatre cents ans.

Théo Klein. – En général, les gens qui tiennent ce discours des États multiculturels et tolérants vivent en Europe ou aux États-Unis, et sont immigrés parce qu'ils ont été chassés de chez eux par des guerres civiles, des terroristes ou des fanatiques religieux...

Il est pathétique de voir que ceux qui sont porteurs des valeurs qui nous correspondent sont exilés chez nous à cause de la violence qui existe chez eux.

Antoine Sfeir. – En Autriche, où il n'y a plus de communauté juive, prédominent aujourd'hui des esprits figés, régulièrement tentés par l'extrémisme. Il y a sur le terrain une réalité cyniquement rétive à l'analyse. Ce qui ne m'empêche pas de penser que tout doit être possible, même au Proche-Orient. C'est une chose vécue.

J'ai eu la chance, parce que ma génération n'avait pour seuls lieux de rencontre que les lieux de culte, de pouvoir draguer aussi bien à la mosquée qu'à l'église ou à la synagogue ! Au-delà de cette simple anecdote, cela révèle que nous avions créé de véritables lieux de rencontre, des lieux de vie, et pas simplement des lieux figés...

THÉO KLEIN. – Tout ce que vous dites est réel au niveau de votre pensée et de vos désirs. Au niveau de la réalité, il existe tout de même des ouvertures, notamment dans les pays du Golfe. C'est pourquoi je pense qu'on peut être optimiste, du moins tant que subsistent des éléments qui permettent de l'être.

Je voudrais à cet égard dire deux choses. D'abord, l'un des signaux d'une certaine impossibilité de bâtir une politique en Israël est illustré par le cas d'un homme qui est en prison et qui, d'après les décisions de la justice, serait amené à y rester beaucoup plus longtemps que sa durée de vie ; je veux parler de Marouane Barghouti, qui est pour moi l'exemple même de la possibilité d'arriver à un arrangement.

Cet homme, qui parle très bien l'hébreu, n'a à ma connaissance que des opinions favorables sur l'Israélien en général ; en revanche, le fait d'être parfois en désaccord avec la politique israélienne lui a valu des problèmes avec l'armée israélienne.

Cette dernière est un instrument extraordinaire, qui n'a toutefois pas toujours connu des réussites – en atteste l'échec assez flagrant de 2006 – et qui est considéré par les Israéliens comme le seul élément qui les protège. Or, tant que l'armée a le pouvoir dominant, tant que les choses s'organisent autour d'elle, il sera difficile d'aboutir.

Les Israéliens doivent prendre en compte le fait que la diplomatie a un rôle à jouer. Ils ont été déçus parce que l'on a fait la paix avec l'Égypte et que les Égyptiens ne sont pas immédiatement venus en Israël voir comment cela se passait, alors que les Israéliens se sont précipités vers l'Égypte. Et puis les rumeurs, la presse égyptienne, certaines prises de position, notamment de mes confrères égyptiens, peuvent parfois donner l'impression d'une haine qu'il sera bien difficile d'apaiser...

Mais je pense que des initiatives doivent être prises sur le plan de la relation, de la diplomatie, du dialogue. Il est inutile, par exemple, d'enfermer le Hamas dans un « non » définitif. Si un jour le Hamas acceptait de venir s'asseoir à la même table que les Israéliens, cela aurait en soi une signification. Et si vous demandez au Hamas, pour l'inviter, qu'il reconnaisse préalablement que vous avez raison sur tous les points et qu'il accepte toutes vos propositions, il est évident que vous ne pouvez pas aboutir.

En revanche, si le Hamas révélait qu'il pourrait envisager quelque chose qui, sans même parler de la reconnaissance d'Israël, soit une sorte de paix momentanée – comme cela a été le cas, il me semble, il n'y a pas si longtemps –, alors je pense que le gouvernement israélien commettrait une profonde erreur en refusant de le recevoir pour en dialoguer avec lui. À quoi cela mènerait-il ? À rien...

En ce qui concerne les territoires à céder, les Israéliens seraient heureux de céder la bande de Gaza, mais ce sont les Égyptiens qui n'en veulent pas. Ce qui pose tout de même un problème intéressant sur les relations entre les pays et les populations arabes.

Antoine Sfeir. – Gaza est ingouvernable. Personne n'en veut, vous avez raison. Je ne suis d'ailleurs pas certain que Mahmoud Abbas ne soit finalement pas satisfait que Gaza soit pour ainsi dire devenu un enclos.

Théo Klein. – Oui, mais cela ne change pas le fait politique que la seule solution possible est celle du voisinage, c'est-à-dire d'un État palestinien.

J'ai des rêves qui vont au-delà, puisque je pense que la solution pourrait ressembler à ce que Ben Gourion a dit un jour : obtenir la majorité dans son pays, pour en faire un pays juif et démocratique. Si cela nécessite que la majorité de la population soit juive, il n'en demeure pas moins que Ben Gourion aurait accepté de faire partie d'un ensemble plus vaste, au sein duquel les Arabes auraient dominé, puisque c'est un fait qu'ils dominent la région.

J'imagine donc, au nombre des constructions qui se font dans le monde, une association entre la Palestine, la Jordanie et Israël, qui permettrait à Israël d'être indépendant tout en restant ouvert sur le reste de la Palestine, puisque la Jordanie fait partie du territoire palestinien. Une telle solution est-elle possible ? Le roi de Jordanie accepterait-il ? Les Palestiniens accepteraient-ils ? Les Israéliens, j'en suis persuadé, auraient du mal à l'accepter, mais pourraient s'y résoudre.

Quoi qu'il en soit, c'est probablement dans des solutions de ce genre que réside et s'inscrit, me semble-t-il, l'avenir positif d'Israël. Si l'on ne va pas vers cet avenir, si l'on reste un ghetto fermé, alors il est bien difficile de prévoir ce qui se passera. Les Juifs resteront, bien entendu. On n'a jamais éliminé les Juifs à travers l'Histoire, ce n'est pas aujourd'hui qu'on va le faire. On ne va pas non plus les chasser complètement. Mais il est possible que seules subsistent quelques communautés religieuses isolées.

C'est donc notamment pour ces raisons qu'il est important pour les Israéliens d'avancer vers et avec leurs deux voisins...

ANTOINE SFEIR. – Hélas ! la réalité – puisqu'il faut y revenir – ne va pas dans ce sens. Lorsque vous m'avez parlé de cette alliance avec la Jordanie et la Palestine, j'ai suggéré d'ajouter le Liban et la Syrie, peut-être l'Égypte. Ce serait l'Union du Levant. C'est un rêve que je caresse depuis fort longtemps. Néanmoins, l'état actuel des choses est que, lorsque vous arrivez à l'aéroport d'Amman et que vous prenez la route vers la capitale, des panneaux publicitaires affirment : « La Jordanie et c'est tout ! » Ce sont bien entendu les Palestiniens des camps, plus d'un million, qui sont ainsi visés. Allez dire aujourd'hui aux Libanais que les quatre cent mille Palestiniens enfermés dans les camps vont rester, voire être définitivement implantés : vous aurez un tollé général, toutes confessions confondues, ce qui est le comble. Nous sommes dans l'exclusive et non dans la réflexion de l'association.

J'ai peur non seulement de la ghettoïsation dont vous parlez, mais aussi, depuis maintenant près de vingt ans, de l'éclatement arabe. Il n'y a plus de Ligue arabe, qui n'est désormais plus qu'une virtualité.

Chacun joue son propre jeu. Certains ne veulent surtout pas entendre parler d'ouverture, au point de ne même plus vouloir entendre parler de leurs voisins. Le Koweït, par exemple, se méfie de ses voisins comme un Bédouin des crotales et serait plus disposé à collaborer avec Israël qu'avec un autre État arabe...

Nous sommes les témoins d'une période de destruction de la région. Et nous évoquons malgré tout entre nous des rêves constructifs. Mais, en définitive, les rêves les plus fous ne sont-ils pas les seuls réalisables ? Je rappelle que l'Union européenne a commencé par une poignée de main entre de Gaulle et Adenauer ; elle a failli avoir lieu entre Moshe Dayan et Nasser.

THÉO KLEIN. – Ce que je dis pourra paraître totalement utopique, mais un homme intelligent qui parviendrait à saisir la situation pourrait transformer les choses. Je pense qu'il y a tout de même une attente, qu'au fond les peuples sont angoissés, les Arabes aussi bien que les Juifs, et que quelqu'un peut peut-être allumer cette lumière qui changerait les choses.

Je ne suis pas un responsable israélien, je ne vis pas constamment en Israël, mais je pense néanmoins que mon devoir est de dire ce qui peut créer l'espérance. Cela peut paraître tout à fait utopique, mais c'est avec de l'utopie que l'on a souvent créé l'avenir réel des peuples.

Il semble aussi que l'histoire de ce conflit soit celle de rendez-vous manqués.

ANTOINE SFEIR. – Pas seulement des rendez-vous manqués : il y a eu aussi un manque de courage politique et de courage tout court.

Il ne faut pas non plus laisser penser que rien ne se fait sur le terrain. Même si nous semblons être dans

une certaine utopie, des exemples concrets sont perceptibles au quotidien. L'université de Tel-Aviv comprend
un centre d'études pour la paix qui porte le nom de
Moshe Dayan et qui promeut des échanges universi-
taires avec certains pays arabes. On n'en parle pas car
on risque d'encourir les foudres des régimes, mais de
telles mesures existent et illustrent bien que des pas
se font, que des chemins se prennent, que des voies
s'ouvrent.

Permettez-moi de rêver quelques secondes à des
Alliances israélites qui se réinstalleraient dans tous les
pays arabes, comme avant, et que l'arabe redevienne lui
aussi obligatoire en Israël. Des passerelles de ce genre
sont difficiles à détruire. D'ailleurs, l'arabe est encore
enseigné, dans une moindre mesure, en Israël.

THÉO KLEIN. — Il est même, semble-t-il, mieux enseigné. Il n'est pas encore obligatoire dans toutes les clas-
ses, mais on observe une certaine tendance à favoriser
l'enseignement de l'arabe, qui est indéniablement une
langue nécessaire dans la région.

Je voudrais rappeler un autre élément qui permet tout
de même de rester optimiste. J'étais avec Moshe Dayan
le 24 ou le 25 décembre 1980 à la Knesset, à l'heure du
petit déjeuner. Il m'a dit qu'il allait faire dans les heures
suivantes une proposition à la Knesset, tout en sachant
qu'elle ne serait pas acceptée. Il s'agissait d'évacuer
purement et simplement les territoires palestiniens et
de demander aux Palestiniens de s'administrer eux-
mêmes.

Évidemment, il n'était pas question de tout remettre
entre les mains de l'OLP ou d'organisations de ce
genre, mais de confier l'administration de leurs terri-

toires aux Palestiniens, l'armée israélienne conservant des positions dans la vallée du Jourdain et deux axes routiers lui étant garantis.

Dayan avait cependant ajouté que, les Palestiniens n'étant pas en état de pouvoir négocier une telle proposition – d'une part à cause de l'OLP, d'autre part à cause de leur position un peu faible –, nous serions contraints de la leur imposer, tout en leur accordant un délai de préparation au terme duquel nous abandonnerions l'administration des territoires.

En outre, comme ils auraient besoin d'une aide extérieure, nous devions être prêts à la leur fournir ; mais s'ils voulaient l'obtenir d'autres pays, nous ne devions pas nous y opposer. Voilà la proposition que Dayan fit, sachant que Begin allait prendre la parole pour la rejeter.

Ce qui m'a le plus étonné, c'était que Begin ait rejeté cette proposition au nom des négociations et des accords de Camp David pris avec les Américains et les Égyptiens. Il a dit à Dayan : « Comment pouvez-vous faire une proposition unilatérale en dehors de l'agrément de nos alliés ? » Sous-entendu : « Vous qui avez été ministre des Affaires étrangères... »

Ni les Égyptiens ni les Américains n'ont repris sa proposition. Mais le fait que Dayan, qui était tout de même une figure importante, né au pays, parlant l'arabe, qui se sentait partie intégrante de cette terre, ait fait cette proposition, prouve qu'il n'est pas impossible d'aboutir. À condition, une fois encore, de tomber sur des hommes suffisamment courageux pour aller dans le sens de l'Histoire au lieu de freiner ou, pire, de déployer l'armée à la moindre occasion, alors même que la seule présence d'un soldat est une incitation au terrorisme pour des jeunes Palestiniens...

ANTOINE SFEIR. – Je pense que l'on mesure à quel point la présence de Juifs au sein d'une société peut, avec tout l'héritage d'errances et de souffrances de ce peuple, susciter de questionnements, de doutes, donc de réflexions, autrement dit de progrès et d'avancées.

À partir de ce point, il paraît primordial de faire en sorte que la société suscite de réels débats d'idées, et non pas seulement une simple cogitation.

THÉO KLEIN. – J'en reviens toujours à l'aspect qui, pour moi, demeure fondamental, c'est-à-dire aux textes qui nous construisent en tant que Juifs : les fameux cinq livres de Moïse, qui nous incitent à être ouverts sur le monde et ouverts aux autres. Ces livres recèlent, entre autres choses, des phrases définitives, telles que : « Nous sommes les gardiens de nos frères », ou : « Nous devons respecter l'étranger. »

ANTOINE SFEIR. – C'est pour cela qu'Israël doit survivre, précisément dans cette vocation de gardien de l'autre.

ANNEXES

I

LA « DÉCLARATION BALFOUR »
(2 novembre 1917)

Cher lord Rothschild,

J'ai le grand plaisir de vous adresser de la part de Sa Majesté la déclaration suivante, sympathisant avec les aspirations juives sionistes, déclaration qui, soumise au cabinet, a été approuvée par lui.

Le gouvernement de Sa Majesté envisage favorablement l'établissement en Palestine d'un foyer national pour le peuple juif et emploiera tous ses efforts pour faciliter la réalisation de cet objectif, étant entendu que rien ne sera fait qui puisse porter atteinte soit aux droits civils et religieux des collectivités non juives existant en Palestine, soit aux droits et au statut politique dont les Juifs disposent dans tout autre pays.

Je vous serais obligé de porter cette déclaration à la connaissance de la Fédération sioniste.

Lord Balfour, secrétaire au Foreign Office

II

MINUTES DE LA CONFÉRENCE DU CAIRE

(18 et 19 mars 1922)

Le 18 mars 1922, à 17 heures, se sont réunies au Caire deux délégations, l'une représentant l'organisation sioniste et l'autre, le comite exécutif du Congrès des partis de la Confédération des pays arabes, en vue d'arriver, par un échange de vues, à une entente qui permettrait aux deux parties de collaborer au développement de la Mésopotamie, la Syrie, la Palestine, et les autres pays arabes...

Les délégués arabes déclarent que leur pays se trouve, après plusieurs siècles d'une administration destructive et corrompue, dans l'impossibilité de se reconstituer, de reprendre dans le monde la place qui leur est assignée sans une étroite collaboration entre les nationaux et les agents d'une civilisation extérieure avancée. À leurs yeux, les agents de cette civilisation se divisent en deux catégories :

1° Peuples européens constitués, autrement dit puissances colonisatrices, dont la présence dans les pays relativement arriérés constitue un péril particulièrement grave pour l'indépendance de ces pays et pour leur unité politique.

2° Nation juive, sortie de l'Orient, et dont les éléments, répandus à travers le monde, constituent une des plus belles forces sur lesquelles se basent la civilisation et le progrès modernes.

Prenant en considération la vieille origine de la nation

juive qui a, sans contredit, un caractère historique de par
sa parenté avec les Arabes ; considérant d'autre part que la
colonisation juive ne présente aucun risque politique parce
que les Juifs qui s'installent dans un pays s'y attachent et
en font leur patrie, et ne colonisent par conséquent pas pour
le profit d'une puissance étrangère distincte, les délégués
arabes déclarent que pour acheminer leur pays vers la civilisation et le progrès modernes ils donnent toute leur préférence aux Juifs, et seraient particulièrement heureux de travailler avec eux pour arriver à ce que les Juifs deviennent,
dans la plus large des mesures, les agents de la civilisation
extérieure dont les Arabes ont besoin.

En réponse à cette déclaration, les délégués juifs, heureux de la confiance qui leur est ainsi témoignée, et insistant
de leur côté sur la vieille parenté, se déclarent disposés à
collaborer à l'inauguration d'une ère de paix et de travail,
et à être le facteur de paix et de progrès dans les pays sus-
mentionnés. D'autre part, ils attirent l'attention des délégués
arabes sur l'intérêt et les aspirations légales particulières
que les Juifs ont en Palestine, en tant que leur berceau historique et national.

Tout en reconnaissant ces aspirations, les délégués arabes
demandent que la discussion n'ait pour base ni la déclaration Balfour, ni l'accord intervenu entre les Anglais et le roi
Hussein. L'accord à intervenir entre les deux parties ne doit
être influencé ni par l'un ni par l'autre de ces documents
politiques. Arabes et Juifs doivent discuter aujourd'hui de
nation à nation, se faire mutuellement des concessions, se
reconnaître réciproquement des droits.

L'accord à intervenir devrait comprendre deux parties :

1° le but ;

2° les moyens d'exécution.

Le but est l'indépendance complète, finale, des pays sus-
mentionnés réunis en confédération.

À cette occasion, les délégués arabes ont parfaitement

précisé qu'il n'entrait pas dans leur intention de demander aux Juifs de se déclarer contre les gouvernements étrangers, comme aussi ils n'entendaient pas de leur part, inaugurer leur travail politique par une manifestation d'hostilité contre ces mêmes gouvernements.

Le travail qui doit unir les Juifs et les Arabes dans une étroite collaboration sera de longue haleine, et les deux parties reconnaissent parfaitement que le but vers lequel ils vont marcher ensemble n'est point de ceux qui se réalisent du jour au lendemain ; mais il est entendu que d'ores et déjà on travaillera de commun accord, par une préparation harmonieuse et systématique dans tous les domaines de l'activité, et par tous les moyens légaux, à l'abréviation de la durée des mandats.

Cela constituera la base de l'entente entre les deux parties dans laquelle seront précisés dans leurs détails les moyens d'exécution.

Après avoir approuvé cette déclaration arabe, les délégués juifs précisent leurs demandes immédiates et les présentent sous la forme suivante :

1° la paix et la tranquillité en Palestine ;

2° la cessation de toute hostilité contre l'immigration et l'installation de Juifs en Palestine, dans le cadre des capacités économiques du pays sitôt que l'accord sera signé ;

3° la cessation de la propagande antijuive par la presse et les comités arabes tant en Palestine qu'à l'extérieur.

En échange de cela, les Juifs mettraient au service des Arabes tous les moyens politiques, économiques et de propagande dont ils disposent ; en un mot, ils collaboreraient sincèrement avec les Arabes à la réalisation du but final déjà déterminé.

Sur les garanties que les Arabes doivent donner aux Juifs, l'insistance de la délégation juive s'est arrêtée d'une façon particulière sur les émeutes qui pourraient éclater en Palestine au mois d'avril prochain à l'occasion des fêtes par suite de l'excitation des esprits chez les masses.

La délégation arabe s'est empressée de reconnaître le bien-fondé de cette insistance et, désireuse de donner aux Juifs, a cru devoir en référer aux autres, avec lesquels elle entend collaborer, suggérant d'entreprendre dans le plus bref délai la pacification des esprits en Palestine, en vue d'empêcher les troubles en question. Elle se déclare d'ores et déjà décidée à déléguer un de ses membres en Palestine à l'effet de porter aux organisations de ce pays, au nom du Congrès, la parole de paix. De leur côté, les délégués juifs devront s'employer à empêcher toute manifestation exagérée des leurs.

Quant aux garanties que les Arabes ont à demander aux Juifs, les délégués arabes ont cru devoir en référer aux autres membres de leur Congrès, et ont par conséquent déclaré qu'ils présenteraient leur demande de garanties le lendemain.

Les deux parties se réunirent en deuxième séance le 19 mars à 15 heures. Les délégués juifs demandent des précisions relativement aux droits et aux intérêts que les Arabes entendent leur reconnaître en Palestine.

Les délégués arabes résument les principes qui doivent constituer la base du programme commun des deux parties par la formule suivante :

Indépendance complète des pays arabes, avec la Palestine comme Foyer national juif, où les Juifs et les Arabes constitueront une unité nationale palestinienne avec égalité de droits et d'obligations. La culture et la civilisation juives se développeront librement en Palestine. [...] Les deux parties s'engagent à employer toute leur honnêteté, et tout l'honneur de la parole donnée au service du programme.

Les Arabes, tout en reconnaissant le caractère difficile de l'exécution de ce programme, se mettront immédiatement à l'œuvre après la signature de l'entente pour pacifier les esprits et les préparer sagement et sûrement à l'acceptation des nouveaux principes.

Le délégué qu'ils ont promis d'envoyer en Palestine pour porter la parole de paix à l'occasion des fêtes du mois d'avril partira au courant de la semaine prochaine.

Les délégués juifs s'emploieront de leur côté, comme il a été entendu à la séance précédente, à empêcher toute manifestation excitante de la part de leurs coreligionnaires.

Les délégués arabes ne demandent pas aux Juifs de se déclarer contre le mandat anglais en Palestine, mais ils insistent pour que l'Organisation sioniste refuse son appui à l'obtention d'autres mandats dans d'autres pays arabes. Quant à la position que les Arabes auront à prendre relativement au mandat en Palestine, elle fera l'objet d'une entente entre les deux parties à la constitution du comité mixte.

Ce comité mixte, dont la constitution a été proposée par les délégués arabes, comprendra les membres du comité exécutif arabe, et autant de membres juifs qui seront délégués à cet effet par l'Organisation sioniste (maximum 4, égal au nombre des délégués arabes).

Ce comité mixte élaborera le programme de l'exécution dans tous ses détails, s'entendra pour les moyens à prendre pour acheminer les efforts des deux parties vers le but commun. Les délégués arabes ont déclaré avoir été déjà munis des pouvoirs nécessaires pour la signature de toute entente et d'élaborer tout programme, ainsi que la constitution dudit comité.

Les délégués juifs, tout en acceptant en leur nom personnel tous les principes déjà énumérés, déclarent avoir à en référer au siège central de leur organisation, avant de signer définitivement les accords.

Les signatures interviendront le jour où les délégués juifs seront munis des pleins pouvoirs nécessaires à cet effet.

III

Lettre de Mgr Arida à M. Maurice Sidi, directeur de l'École de l'Alliance israélite de Beyrouth

Bekorké, le 20 mai 1933

Monsieur le directeur,

Nous ne sommes pas sans connaître le généreux élan de l'Alliance israélite à l'égard des chrétiens du Liban en 1860. Vivement émue de leur malheur, elle s'est empressée de participer à leurs souffrances et de leur apporter, avec des secours, les témoignages de sympathie et de dévouement auxquels les chrétiens, et surtout les maronites, restent très sensibles.

Apprenant qu'à l'heure actuelle les Israélites d'Allemagne sont l'objet de vexations de toutes sortes, obligés d'abandonner leurs fonctions, leurs postes, leurs carrières, leurs industries et forcés par là à l'expatriement et à la misère, nous tenons à cette occasion à exprimer aux éprouvés et à tout le peuple israélite nos sentiments de regret, de sympathie et de cordiale compassion dans cette persécution contraire aux principes humanitaires et à l'esprit évangélique.

Nous sommes disposés à donner notre appui en vue de soulager leurs souffrances en priant Dieu d'atténuer leur dure épreuve.

Recevez, Monsieur le directeur, l'assurance de nos sentiments dévoués.

ANTOINE-PIERRE ARIDA
Patriarche d'Antioche et de tout l'Orient

IV

Lettre pastorale de Mgr Arida

Mai 1933

C'est encore l'Allemagne hitlérienne qui a dédaigné les enseignements chrétiens et a commencé à persécuter les pauvres Juifs qui n'ont d'autre faute que d'être Juifs. Comment allier cette conduite avec ce qu'elle prétend accorder des libertés aux cultes et aux religions. C'est pour cela que nous voyons nos frères catholiques de toutes les régions du monde manifester leur indignation et témoigner leur sympathie aux Juifs persécutés.

Nous nous associons à notre tour à ces sentiments inspirés de l'esprit de l'Évangile. N'oublions pas que les Juifs sont nos frères dans l'humanité et que Dieu les a choisis pour conserver la foi en un créateur unique et que d'eux est venu le Christ. Ils ont donné la Vierge Marie, saint Joseph et saint Jean Baptiste, les apôtres et les prophètes. Nous prions Dieu de mettre bientôt fin à leur malheur et de leur accorder une ère de bonheur.

Antoine-Pierre Arida

V

Déclaration d'indépendance de l'État d'Israël

(14 mai 1948)

Eretz Israël est le lieu où naquit le peuple juif. C'est là que se forma son caractère spirituel, religieux et national. C'est là qu'il réalisa son indépendance, créa une culture d'une portée à la fois nationale et universelle et fit don de la Bible au monde entier.

Contraint à l'exil, le peuple juif demeura fidèle au pays d'Israël à travers toutes les dispersions, priant sans cesse pour y revenir, toujours avec l'espoir d'y restaurer sa liberté nationale.

Motivés par cet attachement historique, les Juifs s'efforcèrent, au cours des siècles, de retourner au pays de leurs ancêtres pour y reconstituer leur État. Tout au long des dernières décennies, ils s'y rendirent en masse : pionniers, *maapilim* et défenseurs. Ils y défrichèrent le désert, firent renaître leur langue, bâtirent cités et villages et établirent une communauté en pleine croissance, ayant sa propre vie économique et culturelle. Ils n'aspiraient qu'à la paix encore qu'ils aient toujours été prêts à se défendre. Ils apportèrent les bienfaits du progrès à tous les habitants du pays. Ils nourrirent toujours l'espoir de réaliser leur indépendance nationale.

En 1897, inspiré par la vision de l'État juif qu'avait eue Theodor Herzl, le premier congrès sioniste proclama le droit du peuple juif à la renaissance nationale dans son propre pays. Ce droit fut reconnu par la déclaration Balfour du 2 novembre 1917 et réaffirmé par le mandat de la Société des nations qui accordait une reconnaissance internationale formelle des liens du peuple juif avec la terre d'Israël, ainsi que de son droit d'y reconstituer son foyer national.

La Shoah, qui anéantit des millions de Juifs en Europe, démontra à nouveau l'urgence de remédier à l'absence d'une patrie juive par le rétablissement de l'État juif dans le pays d'Israël, qui ouvrirait ses portes à tous les Juifs et conférerait au peuple juif l'égalité des droits au sein de la famille des nations.

Les survivants de la Shoah en Europe ainsi que des Juifs d'autres pays, revendiquant leur droit à une vie de dignité, de liberté et de travail dans la patrie de leurs ancêtres, et sans se laisser effrayer par les obstacles et la difficulté, cherchèrent sans relâche à rentrer au pays d'Israël.

Au cours de la Seconde Guerre mondiale, le peuple juif dans le pays d'Israël contribua pleinement à la lutte menée par les nations éprises de liberté contre le fléau nazi. Les sacrifices de ses soldats et l'effort de guerre de ses travailleurs le qualifiaient pour prendre place à rang d'égalité parmi les peuples qui fondèrent l'Organisation des Nations unies.

Le 29 novembre 1947, l'Assemblée générale des Nations unies adopta une résolution prévoyant la création d'un État juif indépendant dans le pays d'Israël et invita les habitants du pays à prendre les mesures nécessaires pour appliquer ce plan. La reconnaissance par les Nations unies du droit du peuple juif à établir son État indépendant ne saurait être révoquée.

C'est, de plus, le droit naturel du peuple juif d'être une nation comme les autres nations et de devenir maître de son destin dans son propre État souverain.

En conséquence, nous membres du Conseil national représentant le peuple juif du pays d'Israël et le mouvement sioniste mondial, réunis aujourd'hui, jour de l'expiration du mandat britannique, en assemblée solennelle, et en vertu des droits naturels et historiques du peuple juif, ainsi que de la résolution de l'Assemblée générale des Nations unies, proclamons la fondation de l'État juif dans le pays d'Israël, qui portera le nom d'État d'Israël.

Nous déclarons qu'à compter de la fin du mandat, à minuit, dans la nuit du 14 au 15 mai 1948, et jusqu'à ce que des organismes constitutionnels régulièrement élus entrent en fonction, conformément à une Constitution qui devra être adoptée par une Assemblée constituante d'ici au 1er octobre 1948, le présent Conseil agira en tant qu'Assemblée provisoire de l'État et que son propre organe exécutif, l'administration nationale, constituera le gouvernement provisoire de l'État d'Israël.

L'État d'Israël sera ouvert à l'immigration des Juifs de tous les pays où ils sont dispersés ; il développera le pays au bénéfice de tous ses habitants ; il sera fondé sur les principes de liberté, de justice et de paix enseignés par les prophètes d'Israël ; il assurera une complète égalité de droits sociaux et politiques à tous ses citoyens, sans distinction de croyance, de race ou de sexe ; il garantira la pleine liberté de conscience, de culte, d'éducation et de culture ; il assurera la sauvegarde et l'inviolabilité des lieux saints et des sanctuaires de toutes les religions et respectera les principes de la Charte des Nations unies.

L'État d'Israël est prêt à coopérer avec les organismes et représentants des Nations unies pour l'application de la résolution adoptée par l'Assemblée le 29 novembre 1947 et à prendre toutes les mesures pour réaliser l'union économique de toutes les parties du pays.

Nous faisons appel aux Nations unies afin qu'elles aident le peuple juif à édifier son État et qu'elles admettent Israël dans la famille des nations.

Aux prises avec une brutale agression, nous invitons

cependant les habitants arabes du pays à préserver les voies de la paix et à jouer leur rôle dans le développement de l'État sur la base d'une citoyenneté égale et complète et d'une juste représentation dans tous les organismes et les institutions de l'État, qu'ils soient provisoires ou permanents.

Nous tendons la main de l'amitié, de la paix et du bon voisinage à tous les États qui nous entourent et à leurs peuples. Nous les invitons à coopérer avec la nation juive indépendante pour le bien commun de tous. L'État d'Israël est prêt à contribuer au progrès de l'ensemble du Moyen-Orient.

Nous lançons un appel au peuple juif de par le monde à se rallier à nous dans la tâche d'immigration et de mise en valeur, et à nous assister dans le grand combat que nous livrons pour réaliser le rêve poursuivi de génération en génération : la rédemption d'Israël.

Confiant en l'Éternel tout-puissant, nous signons cette déclaration sur le sol de la patrie, dans la ville de Tel-Aviv, en cette séance de l'Assemblée provisoire de l'État, tenue la veille du shabbat, le 5 Iyar 5708, 14 mai 1948.

VI

Conférence de presse du président
de la République Charles de Gaulle

(27 novembre 1967, extraits)

L'établissement entre les deux guerres mondiales – car il faut en remonter jusque-là –, l'établissement d'un foyer sioniste en Palestine et puis, après la Seconde Guerre mondiale, l'établissement d'un État d'Israël, soulevaient à l'époque un certain nombre d'appréhensions. On pouvait se demander, en effet, et on se demandait même chez beaucoup de Juifs, si l'implantation de cette communauté sur des terres qui avaient été acquises dans des conditions plus ou moins justifiables et au milieu des peuples arabes qui lui sont foncièrement hostiles, n'allait pas entraîner d'incessantes, d'interminables frictions et conflits.

Et certains même redoutaient que les Juifs, jusqu'alors dispersés et qui étaient restés ce qu'ils avaient été de tout temps, c'est-à-dire un peuple d'élite, sûr de lui-même et dominateur, n'en vienne, une fois qu'il serait rassemblé dans le site de son ancienne grandeur, n'en vienne à changer en ambition ardente et conquérante les souhaits très émouvants qu'il formait depuis dix-neuf siècles : « L'an prochain à Jérusalem. »

En dépit du flot tantôt montant, tantôt descendant des malveillances qu'il provoquait, qu'il suscitait plus exactement, dans certains pays à certaines époques, un capital considérable d'intérêt et même de sympathie s'était formé en leur faveur et, surtout, il faut bien le dire, dans la chrétienté. Un capital qui était issu de l'immense souvenir du Testament, nourri à toutes les sources d'une magnifique liturgie, entretenu par la commisération qu'inspirait leur antique malheur et que poétisait chez nous la légende du juif errant, accru par les abominables persécutions qu'ils avaient subies pendant la Seconde Guerre mondiale et grossi depuis qu'ils avaient retrouvé une patrie par leurs travaux constructifs et le courage de leurs soldats.

C'est pourquoi, indépendamment des vastes concours en argent, en influence, en propagande que les Israéliens recevaient des milieux juifs d'Amérique et d'Europe, beaucoup de pays – dont la France – voyaient avec satisfaction l'établissement de leur État sur le territoire que lui avaient reconnu les puissances, tout en désirant qu'il parvienne, en usant d'un peu de modestie, à trouver avec ses voisins un modus vivendi pacifique.

Il faut dire que ces données psychologiques avaient quelque peu changé depuis 1956, à la faveur de l'expédition franco-britannique de Suez, on avait vu apparaître, en effet, un État d'Israël guerrier et résolu à s'agrandir. Et, ensuite, l'action qu'il menait pour doubler sa population par l'immigration de nouveaux éléments donnait à penser que le territoire qu'il avait acquis ne lui suffirait pas longtemps et qu'il serait porté à l'agrandir, à utiliser toute occasion qui se présenterait. C'est pourquoi, d'ailleurs, la Vᵉ République s'était dégagée vis-à-vis d'Israël des liens spéciaux et très étroits que le régime précédent avait noués avec cet État. Et la Vᵉ République s'était appliquée, au contraire, à favoriser la détente dans le Moyen-Orient.

Bien sûr, nous conservions, avec le gouvernement israélien, des rapports cordiaux et même nous lui fournissions, pour sa défense éventuelle, les armements qu'il demandait d'acheter. Mais, en même temps, nous lui prodiguions des avis de modération, notamment à propos des litiges qui concernaient les eaux du Jourdain, ou bien des escarmouches qui opposaient périodiquement les forces des deux côtés. Enfin, nous ne donnions pas notre aval à son installation dans un quartier de Jérusalem dont il s'était emparé et nous maintenions notre ambassade à Tel-Aviv. D'autre part, une fois mis un terme à l'affaire algérienne, nous avions repris avec les peuples arabes d'Orient la même politique d'amitié et de coopération qui avait été, pendant des siècles, celle de la France dans cette partie du monde et dont la raison et le sentiment font qu'elle doit être aujourd'hui une des bases fondamentales de notre action extérieure.

Bien entendu, nous ne laissions pas ignorer aux Arabes que, pour nous, l'État d'Israël était un fait accompli et que nous n'admettrions pas qu'il fût détruit. De sorte que, tout compris, on pouvait imaginer qu'un jour viendrait où notre pays aurait aidé directement à ce qu'une paix réelle fût conclue et garantie en Orient, pourvu qu'aucun drame nouveau ne vînt à le déchirer.

Hélas, le drame est venu. Il avait été préparé par une tension très grave et constante qui résultait du sort scandaleux des réfugiés en Jordanie et aussi des menaces de destruction prodiguées contre Israël. Le 22 mai, l'affaire d'Akaba, fâcheusement créée par l'Égypte, allait offrir un prétexte à ceux qui rêvaient d'en découdre.

Pour éviter les hostilités, la France avait, dès le 24 mai, proposé aux trois autres grandes puissances d'interdire, conjointement avec elles, à chacune des deux parties d'entamer le combat. Le 2 juin, le gouvernement français avait officiellement déclaré qu'éventuellement il donnerait tort à quiconque entamerait le premier l'action des armes et ce qu'il répétait, en toute clarté à tous les États en cause. C'est ce que j'avais moi-même, le 24 mai, déclaré à M. Eban, ministre des Affaires étrangères d'Israël, que je voyais à Paris : si Israël est attaqué, lui dis-je alors en substance, nous ne le laisserons pas détruire ; si vous attaquez, nous condamnerons votre initiative. Certes, malgré l'infériorité numérique de votre population, étant donné que vous êtes beaucoup mieux organisés, beaucoup plus rassemblés, beaucoup mieux armés que les Arabes, je ne doute pas que le cas échéant vous remporteriez des succès militaires ; mais, ensuite, vous vous trouveriez engagés sur le terrain et, au point de vue international, dans des difficultés grandissantes, d'autant plus que la guerre en Orient ne peut pas manquer d'augmenter dans le monde une tension déplorable et d'avoir des conséquences très malencontreuses pour beaucoup de pays. Si bien que c'est à vous, devenus des conquérants, qu'on en attribuerait peu à peu les inconvénients.

On sait que la voix de la France n'a pas été entendue, Israël, ayant attaqué, s'est emparé, en six jours de combats, des objectifs qu'il voulait atteindre. Maintenant, il organise, sur les territoires qu'il a pris, l'occupation qui ne peut aller sans oppression, répression, expulsions. Et il s'y manifeste contre lui la résistance qu'à son tour il qualifie de « terrorisme ».

Il est vrai que les deux belligérants observent, pour le moment, d'une manière plus ou moins précaire et irrégulière, le cessez-le-feu prescrit par les Nations unies. Mais il est bien évident que le conflit n'est que suspendu et qu'il ne peut pas y avoir de solution, sauf par la voie internationale. Mais un règlement, dans cette voie, à moins que les Nations unies ne déchirent elles-mêmes leur propre Charte, un règlement doit avoir pour base l'évacuation des territoires qui ont été pris par la force, la fin de toute belligérance et la reconnaissance de chacun des États en cause par tous les autres.

Après quoi, par des décisions des Nations unies, avec la présence et la garantie de leurs forces, il serait probablement possible d'arrêter le tracé précis des frontières, les conditions de la vie et de la sécurité des deux côtés, le sort

des réfugiés et des minorités, et les modalités de la libre
navigation pour tous dans le golfe d'Akaba et dans le canal
de Suez. Pour qu'un règlement quelconque – et notamment
celui-là – puisse voir le jour, règlement auquel, du reste,
selon la France, devrait s'ajouter un statut international
pour Jérusalem, pour qu'un tel règlement puisse être mis
en œuvre, il faudrait naturellement qu'il y ait l'accord des
grandes puissances, qui entraînerait ipso facto celui des
Nations unies. Et, si un tel accord voyait le jour, la France
est, d'avance, disposée à prêter son concours politique, économique et militaire pour que cet accord soit effectivement
appliqué.

Mais on ne voit pas comment un accord quelconque
pourrait naître tant que l'un des plus grands des quatre ne
se sera pas dégagé de la guerre odieuse qu'il mène ailleurs,
car tout se tient dans le monde d'aujourd'hui : sans le drame
du Viêtnam, le conflit entre Israël et les Arabes ne serait pas
devenu ce qu'il est. Et si l'Asie du Sud-Est voyait renaître
la paix, l'Orient l'aurait bientôt retrouvée à la faveur de la
détente générale qui suivrait un pareil événement.

CHRONOLOGIE

(établie par Joseph Vebret)

XIXᵉ siècle av. J.-C.

Abraham, Isaac et Jacob donnent naissance au peuple juif. Les douze fils de Jacob sont les ancêtres des douze tribus d'Israël, constituées en nation sur les deux rives du Jourdain.

XVIIIᵉ-XVIᵉ siècles av. J.-C.

Les Hébreux émigrent de Mésopotamie et s'installent en pays araméen.

XVᵉ-XIIᵉ siècles av. J.-C.

La tribu des fils d'Israël part pour l'Égypte puis s'installe dans le pays de Canaan.

1020 av. J.-C.

Saül, issu de la tribu de Benjamin, est le premier roi des Israélites ; il réunifie les douze tribus.

1010 av. J.-C.

Après le décès de Saül, David est roi des douze tribus d'Israël. Il est lui-même issu de la tribu de Juda. Son long règne (jusqu'en 972) permet d'agrandir le royaume au prix de nombreuses guerres, avant de le pacifier et de conquérir la ville dont il fait sa capitale : Jérusalem.

972 av. J.-C.

Après une période de luttes entre les nombreux descendants, Salomon, fils de David, est roi d'Israël. Salomon amène le royaume à son apogée. À la mort de Salomon, Jéroboam rassemble les mécontents et exige de Roboam, fils de Salomon, des impôts allégés. Le refus du nouveau roi entraîne l'instauration d'un royaume d'Israël (également appelé royaume de Samarie), dirigé par Jéroboam, indépendant et rassemblant dix tribus, face à Roboam, successeur légitime de la dynastie du roi David, mais qui ne règne plus que sur les deux tribus de Juda et de Benjamin au sud et sur les prêtres du Temple de Jérusalem.

932 av. J.-C.

Schisme entre les tribus du nord, qui forment le royaume d'Israël autour de la Samarie, et celles du sud, qui forment le royaume de Juda autour de Jérusalem.

721 av. J.-C.

Fin du royaume d'Israël.

587 av. J.-C.

Babylone conquiert la Judée.

539 av. J.-C.

La Perse conquiert Babylone : Israël est une communauté religieuse sous administration perse.

70 av. J.-C.

Rome conquiert la Judée.

132-135

Dernière révolte des Juifs conduits par Bar Kohba contre les Romains. Jérusalem est rasée et interdite aux Juifs qui se dispersent autour de la Méditerranée. La Judée devient la Syrie-Palestine.

634-636

Conquête de la Palestine par les Arabes.

691

Construction à Jérusalem du Dôme du Rocher, sur le site du Temple de Salomon.

1099

Conquête de Jérusalem par les croisés.

1187

Jérusalem est reconquise par Saladin Ier.

1516

Le sultan Selim Ier conquiert Jérusalem. La Palestine passe sous la domination de l'Empire ottoman, jusqu'en 1917.

1791

En France, l'Assemblée nationale vote l'émancipation des Juifs, qui deviennent citoyens français.

En Russie, Catherine II instaure une zone de résidence pour les Juifs de l'Empire russe sur un territoire qui va de la Baltique à la mer Noire.

1799

Expédition de Napoléon Bonaparte en Palestine.

1815-1870

Émancipation progressive des Juifs en Europe occidentale.

1841

Création du grand rabbinat à Jérusalem.

1862

En Allemagne, Moses Hess, ami de Karl Marx et Friedrich Engels, publie *Rome et Jérusalem*, ouvrage précurseur du sionisme.

1870

Le décret Crémieux, du nom du ministre de la Justice, accorde la citoyenneté française aux Juifs d'Algérie.

1881-1883

Pogroms en Russie, suite à l'assassinat du tsar Alexandre II : première vague d'immigration (*aliyah*) de plusieurs dizaines de milliers de Juifs vers la Palestine.

1881

Eliezer Ben Yehouda, Juif originaire de Lituanie, s'installe en Palestine où il entreprend de créer l'hébreu moderne afin d'en faire la langue nationale des Juifs.

1882

Leo Pinsker, médecin juif d'Odessa, publie *L'Auto-émancipation*, qui préconise l'édification d'un État juif comme solution à l'antisémitisme.

1892

À Vienne, Nathan Birnbaum fonde Kadima, la première organisation étudiante juive. Il est le premier à employer le terme de « sionisme » en référence à Sion, une colline de Jérusalem, symbole de la volonté de retour des Juifs à la Terre promise.

1896

Theodor Herzl, journaliste juif d'origine hongroise, publie à Vienne *L'État des Juifs* après avoir assisté à Paris au déclenchement de l'affaire Dreyfus. Considérant que l'assimilation du peuple juif est impossible en raison de l'antisémitisme, il propose la création d'un État juif.

1897

Fondation à Bâle de l'Organisation sioniste mondiale par Theodor Herzl.

1899

Création de la Banque coloniale juive, chargée de financer l'achat de terres en Palestine.

1901

Création du Fonds national juif, destiné à acheter des terres en Palestine.

1903

Le Congrès sioniste adopte le principe d'une installation en Palestine.

1904

Création du Comité de la langue hébraïque.

1905

Deuxième *aliyah* de 40 000 immigrants en provenance de l'Empire russe qui créent de nombreuses colonies et développent le courant socialiste du sionisme.

Adoption définitive par le Congrès sioniste réuni à Bâle de la proposition d'établissement d'un foyer national juif en Palestine.

1909

Création de Degania, premier *kibboutz* (communauté ou village collectiviste).

1913

Création du Comité France-Palestine.

1914

Décembre. Chaïm Weizmann, vice-président de la Fédération sioniste de Grande-Bretagne, rencontre le ministre britannique Herbert Samuel et lord Arthur Balfour, qu'intéresse l'idée d'une « nation juive » en Palestine.

1916

16 mai. Accord secret Sykes-Picot aux termes duquel la France, la Grande-Bretagne et la Russie, anticipant l'effondrement de l'Empire ottoman, se partagent le Moyen-Orient : Constantinople, les Dardanelles et le Bosphore aux Russes, la Mésopotamie et le golfe Persique aux Anglais, la Syrie et la province d'Adana aux Français. Pour les Lieux saints, un régime international est envisagé.

1917

Février. La révolution russe abolit toutes les discriminations à l'égard des Juifs de l'Empire.

Novembre. Déclaration Balfour sur la création d'un « foyer national juif » en Palestine.

1918

Conquête de la Palestine par les Anglais. Fin de la domination ottomane.

1919

Accord entre Fayçal Ier de Syrie et Chaïm Weizmann, laissant entrevoir une possible coopération judéo-arabe.

David Ben Gourion, Berl Katznelson et Itzhak Tabenkin fondent le Mapaï, parti travailliste israélien.

Troisième *aliyah* de 35 000 Juifs de Galicie et de Russie.

1920

Conférence de San Remo : les alliés se partagent les territoires. La Syrie et le Liban sont placés sous contrôle français, la Palestine et l'Irak sous contrôle anglais.

Création de la Haganah, réseau d'autodéfense clandestin, préfiguration de la future armée israélienne.

1921

Hadj-Amin el-Husseini devient grand mufti de Jérusalem et chef des Arabes de Palestine.

Création de la Histadrout, principal syndicat de travailleurs israéliens. Ses objectifs initiaux sont de fédérer l'ensemble des travailleurs juifs de la Palestine sous mandat britannique, de favoriser leur installation dans le pays, de défendre les droits des salariés auprès des employeurs et de favoriser l'emploi d'une main-d'œuvre juive par rapport à la main-d'œuvre arabe bon marché. La Histadrout a également son système de santé. Son premier secrétaire général est David Ben Gourion, poste qu'il occupera jusqu'en 1935.

1922

La SDN confie à la Grande-Bretagne le mandat sur la Palestine, avec Jérusalem comme capitale, et intègre la déclaration Balfour de 1917 parmi les obligations de la puissance mandataire.

Premier « livre blanc » reconnaissant la légitimité de la présence juive sur le territoire.

La région située à l'est du Jourdain est exclue de la Palestine et du mandat britannique. Les Anglais créent la Transjordanie qu'ils confient à l'émir Abdallah, un des fils du roi Hussein.

1928

Quatrième *aliyah* d'environ 60 000 Juifs.

Création des Frères musulmans en Égypte par Hassan el-Banna, dans le but d'instaurer un grand État islamique fondé sur la *charia* et sur la *sunna* débarrassée des influences culturelles locales.

1929

Massacre par des civils et des policiers palestiniens de soixante-sept Juifs de la communauté d'Hébron.

1930

Les Britanniques publient un second « livre blanc » limitant l'immigration juive.

1931

Vladimir Jabotinsky, un des leaders de l'aile droite du mouvement sioniste, exige lors du Congrès sioniste le vote d'une résolution consacrant la création d'un État juif comme but final, tandis que Weitzmann et Arlosoroff s'interrogent sur la possibilité d'un État binational.

Fondation de l'Irgoun, dissidence extrémiste de la Haganah.

1933

Cinquième *aliyah*, composée d'environ 250 000 Juifs allemands fuyant le nazisme.

1935

Les partis politiques arabes demandent l'arrêt de l'immigration juive, l'interdiction de la vente des terres aux sionistes et l'autonomie d'une administration désignée sur une base majoritaire.

15 septembre. Proclamation à Nuremberg des lois nazies antijuives.

1936

Révolte arabe qui donne lieu à des attaques contre la population juive, à une grève générale et à des affrontements avec les troupes britanniques.

1937

La commission Peel d'enquête sur les « violences au Proche-Orient » recommande le partage du territoire.

1938

Les responsables arabes refusent la proposition britannique de création d'un État arabe et d'un État juif.

1939

La Grande-Bretagne publie un « livre blanc » qui limite l'immigration juive en Palestine à 75 000 personnes pendant cinq ans.

Septembre. État de guerre entre la France, l'Angleterre et l'Allemagne.

1940

Début des actions de l'Irgoun contre la Grande-Bretagne.

1942

Mai. Conférence de l'hôtel Biltmore à New York : David Ben Gourion réclame la création d'un « Commonwealth juif » en Palestine mandataire. Début de l'application systématique de la « solution finale », extermination des Juifs dans l'Europe occupée par l'Allemagne nazie.

1945

Création de la Ligue arabe à Alexandrie.

1946

Attentat contre l'hôtel King David de Jérusalem, quartier général britannique en Palestine, revendiqué par l'Irgoun : une centaine de morts.

La Transjordanie devient le royaume hachémite de Jordanie.

1947

11 juillet. Le *Président-Warfield* appareille de Sète à destination de la Palestine avec 4 500 survivants de la Shoah. Le bateau affrété par l'organisation sioniste Haganah est refoulé de Palestine sous protectorat anglais. En septembre, la marine britannique s'empare du navire et renvoie tous ses passagers dans la zone d'Allemagne sous contrôle britannique. La répression anglaise bouleverse l'opinion publique mondiale et ne sera pas sans influence sur la future reconnaissance de l'État d'Israël.

29 novembre. À l'initiative de la Grande-Bretagne, la résolution 181 des Nations unies, prévoyant le partage de la Palestine en deux États (un État juif, un État arabe et une zone « sous régime international et particulier » comprenant Bethléem et Jérusalem), est adoptée par 33 voix pour, 13 contre et 10 abstentions.

1948

9 avril. Massacres dans le village arabe de Deir Yassine, près de Jérusalem, par les troupes de l'Irgoun de Menahem Begin et du Lehi de Yitzhak Shamir.

14 mai. David Ben Gourion, à Tel-Aviv, lit la déclaration d'indépendance de l'État d'Israël. Reconnaissance de l'État hébreu par les États-Unis et l'URSS. Ben Gourion occupe les fonctions de Premier ministre jusqu'en 1963, à l'exception d'un retrait en 1954-1955.

15 mai. Fin officielle du mandat britannique. Première guerre israélo-arabe. Les armées d'Égypte, de Jordanie, de Syrie, du Liban et d'Irak envahissent le pays.

Ben Gourion crée Tsahal, qui regroupe la Haganah, l'Irgoun et le Lehi.

17 septembre. Assassinat par un commando du Lehi du médiateur des Nations unies, le comte suédois Folke Bernadotte.

11 décembre. Vote de la résolution 194 de l'ONU qui se prononce en faveur du droit au retour ou de l'indemnisation des réfugiés arabes palestiniens.

1948-1952

Immigration massive vers Israël (700 000 Juifs), en provenance des pays arabes et d'Europe.

Opération « Tapis volant » (nom de code d'une opération secrète qui concernait les 45 000 Juifs du Yémen et ne sera révélée que plusieurs mois après) et « Ezra et Néhémie » (transport de 110 000 Juifs d'Irak vers l'État d'Israël).

1949

25 janvier. Élection de la première Knesset, le Parlement israélien.

24 février. L'armistice de Rhodes, sous l'égide de l'ONU, met fin aux combats. Israël a conquis 26 % de territoire supplémentaire et occupe la partie ouest de Jérusalem. La Cisjordanie est rattachée à la Jordanie et la bande de Gaza revient à l'Égypte. 800 000 réfugiés arabes palestiniens contraints à l'exil rejoignent des camps en Cisjordanie, dans la bande de Gaza, au Liban, en Jordanie et en Syrie.

11 mai. Admission d'Israël aux Nations unies (résolution 273). Les États arabes ne reconnaissent pas son existence.

1950

Vote par la Knesset de la « loi sur le retour » : tout Juif peut immigrer en Israël et devenir citoyen israélien.

En dépit des accords d'armistice et des résolutions de l'ONU, Israël fait voter une loi qui déclare Jérusalem-Ouest capitale de l'État hébreu.

1951

Création du Mossad, le service de renseignement israélien.

1952

La présidence de l'État d'Israël est proposée à Albert Einstein qui la refuse.

Accord de Luxembourg entre Israël et la République fédérale d'Allemagne sur l'indemnisation des victimes du nazisme. Les relations diplomatiques entre les deux pays ne seront établies qu'en 1965.

1954

Nasser renverse Néguib et prend le pouvoir en Égypte.

1956

Tensions entre Israël et l'Égypte en raison des raids menés par les combattants palestiniens (fedayin) sur le territoire israélien et de la fermeture du canal de Suez aux navires israéliens.

26 juillet. Nasser nationalise le canal de Suez et met sous séquestres les biens de la Compagnie universelle du canal. Signature à Sèvres d'un accord secret entre la France, le Royaume-Uni et Israël pour renverser Nasser et récupérer le canal.

29 octobre. Israël envahit la bande de Gaza et le Sinaï.

31 octobre. La France et le Royaume-Uni entament une vague de bombardements sur l'Égypte afin de forcer la réouverture du canal.

6 novembre. Débarquement franco-anglais à Port-Saïd. Prise de contrôle du canal et marche des commandos vers Le Caire. Sous la pression des États-Unis et de l'URSS, les Franco-Anglais doivent se replier. Cet échec marque la chute de l'influence des anciennes puissances coloniales dans la région.

15 novembre. L'Assemblée générale de l'ONU impose un cessez-le-feu. Britanniques, Français et Israéliens laissent le canal aux casques bleus. Signature d'une alliance militaire et nucléaire entre la France et Israël.

1956-1962

Immigration massive de Juifs en provenance du Maroc, de Tunisie et d'Algérie suite à la décolonisation française en Afrique.

1957

Israël évacue des territoires en échange de l'assurance que le canal de Suez restera ouvert.

1959

Fondation au Koweït par Yasser Arafat du Fatah, organi-sation politique et militaire palestinienne qui prône la lutte armée et défend l'action du peuple palestinien.

1960

11 mai. Adolf Eichmann, ancien SS, responsable de la lo-gistique de la « solution finale », est enlevé en Argentine par une équipe d'agents du Mossad. Amené en Israël pour y être jugé, il sera condamné à mort et exécuté le 31 mai 1962.

1962

Fin de l'embargo tacite imposé à Israël par le gouverne-ment des États-Unis. Premières livraisons d'armes.

1963

David Ben Gourion se retire de la vie politique.

1964

13 au 17 janvier. Premier sommet des chefs arabes au Caire.

29 juin. Premier Congrès national palestinien à Jérusalem-Est. Création de l'OLP (Organisation de libération de la Palestine), dirigée par Ahmed Choukeiry.

1966

L'écrivain israélien Shmuel Yosef Agnon reçoit le Prix Nobel de Littérature. Pacte de défense mutuelle entre la Syrie et l'Égypte.

1967

Tensions frontalières entre Israël et la Syrie sur fond de propagande soviétique selon laquelle Israël préparerait une guerre totale contre Damas. L'Égypte, en vertu du traité d'assistance mutuelle, apporte son soutien à la Syrie.

14 mai. Les forces égyptiennes, contrairement aux accords de démilitarisation de 1957, pénètrent dans le Sinaï. Nasser obtient de l'ONU le retrait des casques bleus. Il ferme aussi le détroit de Tiran et le golfe d'Akaba aux bateaux israéliens. Pour Israël, c'est un *casus belli*.

27 mai. Nasser : « Notre objectif de base est la destruction d'Israël. »

5 juin. Devant l'imminence d'une attaque arabe et les bombardements syriens réguliers depuis le plateau du Golan depuis le début de l'année, Israël lance une offensive préventive éclair contre l'Égypte, menée par le général Moshe Dayan. Au terme d'une guerre-éclair de six jours, Israël conquiert la Cisjordanie, la bande de Gaza, le Golan, la péninsule du Sinaï et Jérusalem-Est. Les Israéliens peuvent de nouveau accéder à la vieille ville de Jérusalem et prier au mur des Lamentations. Le canal de Suez reste hors d'usage jusqu'en 1975.

29 août-3 septembre. Les États arabes réunis en sommet au Soudan proclament les trois « non » de Khartoum : non à la paix avec Israël, non à la reconnaissance d'Israël, non à toute négociation avec Israël. Le sommet de Khartoum réclame la restitution des territoires occupés, consacre l'émergence de l'OLP et fixe les sommes que doivent lui verser annuellement les pays pétroliers.

22 novembre. L'ONU adopte la résolution 242 qui demande l'instauration d'une paix juste et durable au Proche-Orient, le droit pour les États de la région de vivre en paix à l'intérieur de frontières sûres et reconnues, le retrait des territoires occupés lors du conflit et un juste règlement du problème des réfugiés palestiniens (environ 250 000).

L'URSS et les États du bloc soviétique, à l'exception de la Roumanie, rompent leurs relations diplomatiques avec Israël.

1968

Début de l'*aliyah* de Juifs en provenance d'Union soviétique et début d'une série de procès antijuifs contre les *refuzniks*, terme officieux désignant les personnes à qui le visa d'émigration était refusé par les autorités de l'Union soviétique.

1er au 4 février. 5e Conseil national palestinien. Yasser Arafat est désigné président de l'OLP. Adoption de la Charte nationale palestinienne qui dénie à Israël le droit à l'existence, se prononce pour la libération totale de la Palestine et l'instauration d'un État unique laïc et démocratique, de la Méditerranée au Jourdain.

Début d'une guerre d'usure entre l'Égypte et Israël le long du canal de Suez (jusqu'en 1970).

1969

Golda Meir (parti travailliste) devient Premier ministre.

Décembre. Au sommet arabe, Nasser refuse une nouvelle guerre israélo-arabe.

1970

7 septembre. Les commandos du FPLP détournent trois avions des lignes internationales vers la ville de Zarka, au nord de la Jordanie. L'aéroport est proclamé zone libérée.

17 au 27 septembre. « Septembre noir ». Suite aux détournements d'avions et à la tentative d'assassinat du roi Hussein de Jordanie, offensive de l'armée jordanienne contre les bases palestiniennes de l'OLP en Jordanie, notamment à Amman et Irbid. Suite à ces événements, « Septembre noir » devient le nom de couverture d'opérations sanglantes de l'OLP et du Fatah.

28 septembre. Mort de Nasser. Anouar el-Sadate lui succède.

13 octobre. Signature des accords d'Amman entre Yasser Arafat et le roi Hussein.

1971

Assassinat du Premier ministre de Jordanie, Wasfi Al Tal, par un commando palestinien.

1972

5 septembre. L'organisation Septembre noir assassine onze sportifs de la délégation israélienne lors des Jeux olympiques de Munich.

1973

6 octobre. Le jour de Kippour, les armées syriennes et égyptiennes attaquent Israël par surprise afin de reconquérir les territoires occupés. La guerre de Kippour (ou du Ramadan) est déclarée. Prises au dépourvu, les forces israéliennes sont d'abord submergées, puis parviennent à reprendre le contrôle de la situation, portent la guerre sur le territoire ennemi et remportent la victoire.

22 octobre. L'ONU adopte la résolution 338 qui réaffirme la validité de la résolution 242 (1967) et appelle toutes les parties (Égypte, Syrie, Israël, Jordanie) à un cessez-le-feu immédat et à des négociations en vue d'« instaurer une paix juste et durable au Moyen-Orient ».

25 octobre. Fin des combats.

1974

18 janvier. Accord du « kilomètre 101 » entre Israël et l'Égypte. Les forces israéliennes se retirent sur une ligne distante d'environ 20 kilomètres du canal de Suez. Une zone tampon est créée entre les deux armées.

Démission de Golda Meir. Yitzhak Rabin lui succède comme Premier ministre.

Reconnaissance internationale de l'OLP qui obtient le statut d'observateur à l'ONU. Le peuple palestinien se voit reconnaître par l'Assemblée générale le droit « à la souveraineté et à l'indépendance nationale ».

1975

Réouverture du canal de Suez. Pour la première fois depuis sa fermeture en 1967, le canal accueille des navires israéliens.

Début de la guerre civile au Liban.

10 novembre. L'Assemblée générale de l'ONU vote la résolution 3379 assimilant le sionisme au racisme. Elle sera abrogée le 16 décembre 1991.

1976

Massacre de 850 chrétiens au Liban : des membres armés du Fatah, sous le commandement direct de Yasser Arafat, attaquent la ville de Damour, à 20 kilomètres de Sabra et Chatila. Le Liban accueillait l'OLP depuis son expulsion de Jordanie.

27 juin-4 juillet. 47 otages juifs et israéliens, capturés par un commando terroriste germano-palestinien à bord d'un avion et faits prisonniers en Ouganda, sont délivrés par un raid de l'armée de l'air israélienne à Entebbe.

1977

17 mai. Le Likoud, parti de droite, remporte pour la première fois les élections législatives israéliennes. Menahem Begin devient Premier ministre.

Septembre. Le président américain Jimmy Carter invite le président égyptien Anouar el-Sadate et le Premier ministre israélien à Camp David pour négocier les accords de paix.

20-21 novembre. Visite en Israël du président égyptien, Anouar el-Sadate, qui prononce un discours à la Knesset pour une paix « juste et durable » entre les deux pays. En échange, l'Égypte exige qu'Israël se retire du Sinaï et s'engage à résoudre le problème palestinien.

1978

Intervention militaire israélienne au sud du Liban contre des bases arrière palestiniennes.

17 septembre. Signature des accords de Camp David entre l'Égypte, Israël et les États-Unis. Ces accords autorisent la récupération par l'Égypte du Sinaï, l'établissement de rela-

tions diplomatiques entre Israël et l'Égypte et la reconnaissance d'un droit légitime des Palestiniens. Ils prévoient en
outre un régime d'autonomie substantielle en Cisjordanie et
à Gaza.

1979

26 mars. Suite aux accords de Camp David, Anouar el-
Sadate et Menahem Begin signent un traité de paix entre
Israël et l'Égypte. Par ce traité, Israël s'engage à retirer ses
troupes du Sinaï.

Menahem Begin et Anouar el-Sadate reçoivent le prix
Nobel de la paix.

1980

La Knesset proclame Jérusalem « réunifiée » capitale éternelle d'Israël. La reconnaissance internationale ne suit pas
et les pays occidentaux conservent leurs ambassades à Tel-
Aviv.

1981

Guerre israélo-palestinienne à la frontière libanaise.
Bombardements israéliens de Beyrouth.

L'annexion du plateau du Golan par Israël n'est pas reconnue sur le plan international.

Juin. L'armée de l'air israélienne bombarde le réacteur
nucléaire irakien Osirak.

6 octobre. Assassinat du président égyptien Anouar el-
Sadate par un fanatique arabe.

1982

Avril. Fin de l'évacuation du Sinaï par Israël.

6 juin. Israël déclenche l'opération « Paix en Galilée » et
envahit le Sud-Liban pour mettre fin aux attaques palestiniennes.

20 juin. Les États-Unis obtiennent un cessez-le-feu.

Août. L'OLP se réfugie à Tunis.

14 septembre. Assassinat du président libanais Béchir Gemayel, élu trois semaines plus tôt.

16-17 septembre. La milice libanaise chrétienne dirigée par Elie Hobeika investit les camps de réfugiés palestiniens de Sabra et Chatila et massacre un millier de civils.

1983

17 mai. Signature d'un traité de paix entre le Liban et Israël.

28 août. Démission de Menahem Begin, Premier ministre.

10 octobre. Yitzhak Shamir devient Premier ministre.

1984

Mars. Amine Gemayel dénonce l'accord israélo-libanais de mai 1983 et rompt les relations avec Israël.

Opération « Moïse » : transfert en Israël de plusieurs dizaines de milliers de Juifs éthiopiens.

Formation d'un gouvernement d'union nationale pour permettre la résolution de la crise économique et la sortie du Liban.

1985

11 février. Accord jordano-palestinien. L'OLP reconnaît toutes les résolutions de l'ONU et propose « la terre contre la paix ». Shimon Peres propose un règlement par étape, avec une période intermédiaire où la Jordanie et Israël géreront les affaires palestiniennes en liaison avec une assemblée élue. Une série d'attentats palestiniens (détournement de l'*Achille Lauro*) et de représailles israéliennes met fin au processus.

Israël achève de se retirer du Liban, à l'exception d'une zone de sécurité au sud.

Raid de l'aviation israélienne sur le quartier général de l'OLP à Tunis.

1986

Février. La Jordanie renonce au dialogue avec l'OLP, ne pouvant amener celle-ci à abandonner publiquement toute action violente.

Le *Sunday Times* publie des informations sur l'existence d'un arsenal nucléaire israélien.

1987

9 décembre. Première Intifada (« guerre des pierres ») en Cisjordanie et dans la bande de Gaza.

22 décembre. La résolution 605 du Conseil de sécurité, adoptée grâce à l'abstention américaine, déplore « les politiques et pratiques d'Israël qui violent les droits du peuple palestinien dans les territoires occupés ».

1988

La Jordanie renonce officiellement à sa souveraineté sur la Cisjordanie au profit de l'OLP.

14 septembre. Devant le Parlement européen, Yasser Arafat renonce au terrorisme et accepte la légalité internationale.

15 novembre. Le Conseil national palestinien proclame à Alger un État palestinien dont la souveraineté s'étend sur la Cisjordanie et sur Gaza, et non sur l'ensemble de l'ancienne Palestine.

13-16 décembre. À la conférence des Nations unies à Genève, Arafat reconnaît l'existence d'Israël, admet les résolutions 242 et 338 et dénonce l'action terroriste.

22 décembre. Ytzhak Shamir est Premier ministre d'un gouvernement d'union nationale. Il conserve une ligne dure face aux ouvertures palestiniennes.

1989

Début d'une grande vague d'immigration en provenance d'Union soviétique : 500 000 Juifs arrivent en Israël.

Mai. Le Parlement israélien vote des propositions de paix

définies par Shamir : élections dans les territoires occupés mais refus de la participation de l'OLP, autonomie provisoire durant trois ans, puis ouverture de négociations sur le statut final des territoires, mais refus d'un État palestinien. Arafat accepte l'initiative de Shamir, mais en l'amendant : retrait partiel de l'armée israélienne, supervision des élections par l'ONU, retour des réfugiés, création définitive d'un État de Palestine.

1990

9 mars. Le gouvernement israélien accepte l'ouverture de négociations avec les Palestiniens sur l'autonomie des territoires. Shamir annonce qu'il poursuivra une politique d'implantation de colonies. C'est le blocage. Opération « Salomon » : deuxième opération aérienne pour sauver les Juifs d'Éthiopie.

Août. Entrée des troupes irakiennes au Koweït : début de la crise du Golfe. L'OLP soutient l'Irak.

1991

L'URSS rétablit ses relations diplomatiques avec Israël.

15 janvier. Début de la première guerre du Golfe. Sous la pression des États-Unis, Israël ne riposte pas aux attaques de missiles irakiens.

30 octobre. Conférence de paix israélo-arabe à Madrid, qui réunit pour la première fois Israël, la Syrie, le Liban, la Jordanie et les représentants palestiniens. Les conversations se poursuivent à Washington mais n'aboutiront pas, en raison de la méfiance de Shamir vis-à-vis des États-Unis. Le gouvernement américain, en réaction à la poursuite d'installation de colons juifs dans les territoires occupés, refuse sa garantie à des emprunts israéliens.

16 décembre. L'Assemblée générale des Nations unies annule, par la résolution 46/86, la résolution 3379 décrétant que le sionisme est une forme de discrimination raciale.

1992

Le parti travailliste remporte les élections législatives israéliennes. Yitzhak Rabin est nommé Premier ministre et Shimon Peres ministre des Affaires étrangères.

1993

Janvier. Israël et l'OLP entament des négociations secrètes à Oslo et adoptent une déclaration de principe « sur les arrangements intérimaires d'autonomie ».

Avril. Devant la recrudescence des violences, Israël boucle les territoires occupés.

9 septembre. Yasser Arafat signe à Tunis un accord de reconnaissance mutuelle entre Israël et l'OLP. Le lendemain, Yitzhak Rabin signe le même document à Jérusalem.

13 septembre. Signature à Washington des accords d'Oslo, prévoyant une autonomie palestinienne progressive sur les territoires de Cisjordanie et Gaza et un règlement définitif du conflit à l'issue d'une période de cinq ans.

14 septembre. Israël et la Jordanie signent le principe d'un traité de paix.

30 décembre. Reconnaissance mutuelle du Vatican et d'Israël.

1994

25 février. Une trentaine de fidèles musulmans qui priaient au Caveau des Patriarches, à Hébron, sont assassinés par Baruch Goldstein.

Avril. Début des attentats kamikazes en Israël par le Hamas et le Djihad islamique.

4 mai. Signature de l'accord sur Gaza et Jéricho par Israël et l'OLP. Création d'une autorité palestinienne de 24 membres et d'une force de police palestinienne. L'OLP obtient la gestion de Gaza et Jéricho.

Juillet. Yasser Arafat installe l'Autorité palestinienne à Gaza.

26 octobre. Signature du traité de paix entre Israël et la Jordanie. Hussein se voit reconnaître la fonction de « gardien des Lieux saints » musulmans de Jérusalem ; protestations de l'OLP.

Novembre. Affrontements entre des islamistes et la police palestinienne. À la fin de l'année, arrêt du processus de paix.

12 décembre. Yitzhak Rabin, Shimon Peres et Yasser Arafat reçoivent le prix Nobel de la paix.

1995

28 septembre. Signature à Washington des accords d'Oslo II sur l'extension de l'autonomie de la Palestine.

Octobre-décembre. Retrait militaire des Israéliens de sept villes de Palestine, à l'exception d'Hébron et de 450 villages arabes.

4 novembre. Assassinat d'Ytzhak Rabin par un étudiant extrémiste israélien. Shimon Peres lui succède à la tête du gouvernement et relance les opérations au Sud-Liban contre le Hezbollah. Celui-ci réplique en bombardant la Galilée.

1996

5 janvier. L'artificier Yahia Ayache, homme le plus recherché du Hamas, est assassiné à Gaza. 100 000 Palestiniens se rendent à ses funérailles.

20 janvier. Premières élections au suffrage universel en Cisjordanie et à Gaza. Yasser Arafat est élu président de l'Autorité palestinienne avec 88 % des suffrages.

3 mars. Une nouvelle opération tue dix-neuf personnes à Jérusalem. Shimon Peres proclame une guerre totale contre le Hamas.

10 avril. Shimon Peres déclenche l'opération « Raisins de la colère », autorisant une intervention militaire contre le Hezbollah au Sud-Liban. Une centaine de civils seront tués lors de cette offensive.

24 avril. Le Conseil national palestinien retire de la charte de l'OLP les articles remettant en cause le droit à l'existence de l'État d'Israël.

29 mai. Benyamin Netanyahou et sa coalition regroupant la droite du Likoud, l'extrême droite et les religieux remportent les élections israéliennes. Netanyahou est nommé Premier ministre ; son gouvernement accélère l'extension des implantations juives. Il pose des conditions telles que les discussions sur l'avenir de l'autonomie de la Palestine sont bloquées.

23 juin. Réunion des États arabes au Caire. Ils rappellent les principes de la paix (« la paix contre la terre ») et demandent le respect des engagements pris. Netanyahou parle de provocation et de « diktat ». La colonisation reprend durant l'été.

8 octobre. Première visite officielle de Yasser Arafat en Israël.

1997

Janvier. L'armée israélienne quitte la ville d'Hébron, qui passe sous autorité palestinienne.

1998

21 juin. Le gouvernement israélien entérine le plan du Grand Jérusalem proposé par Netanyahou.

23 octobre. Signature des accords de Wye River prévoyant une autonomie palestinienne supplémentaire de 13 % du territoire de Cisjordanie.

1999

4 mai. Fin de la période d'autonomie palestinienne prévue par la déclaration de principe du 13 septembre 1993. Grâce à la médiation des États-Unis, Arafat accepte de reporter la proclamation de l'État palestinien indépendant l'année suivante.

17 mai. Élections anticipées : le travailliste Ehud Barak

l'emporte largement sur le chef du Likoud Benyamin Netanyahou, par 56 % des voix.

15 décembre. Reprise à Washington des pourparlers israélo-syriens, interrompus depuis 1996.

2000

Février. Jean-Paul II signe un accord avec Yasser Arafat : le Vatican s'engage à s'opposer à toute action unilatérale d'Israël à Jérusalem et officialise les activités de l'Église catholique sur le territoire palestinien.

Mai. Israël retire toutes ses forces armées du Sud-Liban.

Mai. Rencontre de Stockholm en présence du président Clinton qui insiste pour que le statut de Jérusalem soit mis en discussion.

Juillet. Le sommet de Camp David, qui aborde pour la première fois le statut de Jérusalem, n'aboutit à aucun accord de paix.

28 septembre. Le chef du Likoud, Ariel Sharon, se rend sur l'esplanade des Mosquées à Jérusalem. Dès le lendemain éclatent de violents affrontements qui gagnent la Cisjordanie et la bande de Gaza. Début de la seconde Intifada.

12 octobre. Après le lynchage de deux soldats israéliens à Ramallah, Israël bombarde des objectifs liés à l'Autorité palestinienne à Gaza, Ramallah, Jéricho, Naplouse et Hébron.

16 et 17 octobre. Sommet de Charm el-Cheikh. Palestiniens et Israéliens approuvent la déclaration de Clinton, qui prévoit l'arrêt des violences, la constitution d'une commission d'enquête et la reprise dans les quinze jours des négociations sur le statut final.

Novembre. Ehud Barak approuve un plan de construction d'une « barrière destinée à empêcher le passage de véhicules motorisés » depuis le nord-est de la Cisjordanie jusqu'à la région du Latrun. Ayant perdu la majorité parlementaire, il démissionne du gouvernement et annonce la tenue d'élections anticipées.

2001

21-27 janvier. Nouvelle tentative de négociations israélo-palestiniennes à Taba, en Égypte. Des avancées notables sont réalisées.

6 février. Le Likoud remporte les élections israéliennes : Ariel Sharon devient Premier ministre.

3 décembre. Début de la « réclusion » de Yasser Arafat, placé sous la surveillance de l'armée israélienne dans son QG de Ramallah.

13 décembre. Sharon décide de rompre les contacts avec Arafat et l'Autorité palestinienne.

16 décembre. Arafat appelle à l'arrêt total des attaques contre Israël.

2002

12 mars. Le Conseil de sécurité des Nations unies adopte la résolution 1397, qui mentionne pour la première fois la perspective de la coexistence de deux États, Israël et la Palestine.

14 avril. Suite à de nombreux attentats, le gouvernement israélien décide de construire une « barrière de séparation » afin d'empêcher l'entrée de terroristes en Israël.

1er mai. L'armée israélienne lève le siège de Ramallah.

24 juin. Discours du président George W. Bush sur sa vision du Proche-Orient plaidant pour la création d'un État palestinien et appelant au remplacement de Yasser Arafat.

14 août. Le gouvernement Sharon approuve le tracé du « Mur de séparation ». Six des sept villes autonomes de Cisjordanie sont réoccupées par Israël.

30 octobre. Démission des six ministres travaillistes, notamment du ministre de la Défense, Binyamin Ben-Eliezer, et du vice-Premier ministre, ministre des Affaires étrangères, Shimon Peres.

Décembre. Les États-Unis, la Russie, l'Union européenne et les Nations unies établissent une « feuille de route » prévoyant un plan par étapes pour la création d'un État palestinien.

2003

28 janvier. Le Likoud remporte les élections israéliennes. Ariel Sharon est reconduit dans ses fonctions.

8 mars. Mahmoud Abbas est investi Premier ministre de l'Autorité palestinienne.

30 avril. Le Quartet (ONU, Union européenne, États-Unis et Russie) publie la « feuille de route ».

5 septembre. Démission du Premier ministre palestinien, Mahmoud Abbas.

12 novembre. Ahmed Qoreï, dit Abou Ala, forme un nouveau gouvernement.

19 novembre. Adoption par le Conseil de sécurité des Nations unies de la résolution 1515 approuvant la « feuille de route » du Quartet pour un règlement permanent du conflit israélo-palestinien, acceptée par Israël et l'Autorité palestienienne. *24 novembre*. Ariel Sharon annonce le plan de désengagement de Gaza, dont la mise en œuvre est prévue en 2005.

1er décembre. Lancement à Genève d'une initiative pour la paix au Proche-Orient rédigée par l'ancien ministre israélien de la Justice, Yossi Beilin, et l'ancien ministre palestinien de l'Information, Yasser Abed Rabbo.

2004

22 mars. Mort du fondateur et chef spirituel du Hamas Cheikh Yassine, lors d'un raid aérien de l'armée israélienne à Gaza.

17 avril. Lors d'un raid de l'armée israélienne à Gaza, mort d'Abdelaziz al-Rantissi, nouveau chef du Hamas.

9 juillet. Avis de la Cour internationale de justice déclarant illégal le tracé de la barrière de séparation construite par Israël en Cisjordanie.

11 novembre. Décès en France de Yasser Arafat.

2005

Retrait israélien de la bande de Gaza.

9 janvier. Mahmoud Abbas, nouveau leader du Fatah, est élu président de l'Autorité palestinienne.

8 février. Conférence de Charm el-Cheikh : Israéliens et Palestiniens annoncent la fin de la violence. Israël relâchera plus de neuf cents prisonniers palestiniens et se retirera graduellement de villes palestiniennes ; l'Égypte et la Jordanie renverront leurs ambassadeurs en Israël. Fin de la seconde Intifada.

25 février. Suite à un attentat suicide à Tel-Aviv, Israël gèle la transmission prévue de plusieurs villes à la sécurité palestinienne.

1er mars. Conférence de Londres pour organiser l'aide financière au gouvernement palestinien et aider à l'organisation des forces de sécurité palestiniennes.

Mars. Le gouvernement israélien accepte un rapport analysant le statut d'avant-postes illégaux en Cisjordanie depuis mars 2001, sans permis ni autorisation de l'État.

21 juin. Après une rencontre entre Sharon et Abbas, l'Autorité palestinienne accepte une coordination pour le désengagement de Gaza. Israël refuse les concessions en matière de sécurité.

15 août. Début du démantèlement des colonies juives à proximité de la bande de Gaza.

12 septembre. Fin du retrait israélien de la bande de Gaza.

Décembre. Ariel Sharon crée le parti centriste Kadima (« En avant ») et convainc Shimon Peres de l'y rejoindre. La Knesset est dissoute par le président israélien.

2006

4 janvier. Victime d'une seconde attaque cérébrale, Ariel Sharon est plongé dans le coma. Début d'une période d'intérim de cent jours.

25 janvier. Victoire du Hamas aux élections législatives palestiniennes.

14 avril. Fin de la période d'intérim. Ehud Olmert forme un gouvernement.

25 juin. Le caporal Gilad Shalit est enlevé par des groupes activistes palestiniens lors d'une attaque contre un poste militaire de Tsahal en territoire israélien.

12 juillet-14 août. Afin d'éradiquer le Hezbollah du Sud-Liban, Israël attaque le Liban.

1ᵉʳ novembre. Israël attaque le nord de la bande de Gaza, causant plus de cinquante morts et deux cents blessés en quatre jours.

26 novembre. Accord sur un cessez-le-feu dans la bande de Gaza.

2007

17 mars. Formation d'un nouveau gouvernement d'union nationale palestinien.

14 juin. Ismaïl Haniyeh est limogé par Mahmoud Abbas et remplacé par Salam Fayyad au poste de Premier ministre.

19 septembre. Israël déclare Gaza « entité hostile ». La bande de Gaza, contrôlée par le Hamas, se voit imposer des sanctions économiques.

27 novembre. Conférence d'Annapolis.

17 décembre. La conférence de Paris décide une aide de 7,4 milliards de dollars pour les Palestiniens.

2008

Février-mars. Opération « Hiver rude » à Gaza.

Des mêmes auteurs :

OUVRAGES DE THÉO KLEIN :

La Guerre des civils ou le Kippour le plus long, Hachette, 1974.

Deux vérités en face, avec Hamadi Essid, Lieu commun, 1988.

L'Affaire du carmel d'Auschwitz, Bertoin, 1991.

Israël aux quatre vents du ciel, Lattès, 1991.

Oublier Vichy, Criterion, 1992.

Le Guetteur, Plon, 1997.

Libérez la Torah ! Moïse, l'homme et la loi : une re-lecture, Calmann-Lévy, 2001.

Le Manifeste d'un juif libre, Liana Levi, 2002.

Dieu n'était pas au rendez-vous, entretiens avec Sophie de Villeneuve, Bayard, 2003.

Petit traité d'éthique et de belle humeur, Liana Levi, 2004.

Le Rire d'Isaac, éditions De Fallois, 2006.

Une manière d'être juif, conversations avec Jean Bothorel, Fayard, 2007.

Sortir du ghetto, Liana Levi, 2008.

OUVRAGES D'ANTOINE SFEIR :

L'Argent des Arabes, Hermé, 1992.

L'Irak, avec Philippe Rondot, PUF, « Que sais-je ? », 1995.

Les Réseaux d'Allah, Plon, 1997.

L'Atlas des religions, Perrin, 1993 ; 1999.

Dictionnaire de l'Islam, Plon, 2002.

Dieu, Yahvé, Allah : les grandes questions sur les trois religions, avec M. Kubler et K. Mrowjec, Bayard, 2004.

La Langue française face à la mondialisation, avec Yves Montenay, Les Belles Lettres, 2005.

Liberté, Égalité, Islam : la république face au communautarisme, avec René Andrau, Tallandier, 2005.

L'Islam en 50 clés, Bayard, 2006.

Américains, Arabes : l'affrontement, avec Nicole Bacharan, Seuil, 2006.

Orient si proche, complément du DVD *Persona Non Grata* d'Oliver Stone, Wild Side, 2006.

Tunisie, terre de paradoxes, L'Archipel, 2006.

Vers l'Orient compliqué, Grasset, 2006.

Al-Qaïda menace la France, Le Cherche-Midi, 2007.

Les Islamistes d'hier et d'aujourd'hui, Éditions Lignes de repères, 2007.

Brève histoire de l'Islam à l'usage de tous, Bayard, 2007.

 **www.livredepoche.com**

- le **catalogue** en ligne et les dernières parutions
- des **suggestions de lecture** par des libraires
- une **actualité éditoriale permanente** : interviews d'auteurs, extraits audio et vidéo, dépêches…
- **votre carnet de lecture** personnalisable
- des **espaces professionnels** dédiés aux journalistes, aux enseignants et aux documentalistes

Composition par MCP – *Groupe JOUVE*

Achevé d'imprimer en novembre 2009 en Espagne par
LITOGRAFIA ROSÉS S.A.
08850 Gavá
Dépôt légal 1re publication : novembre 2009
Librairie Générale Française
31, rue de Fleurus – 75278 Paris Cedex 06

30/8460/5